Sommaire

Introduction

Le jardin public en France, illustration des mentalités

Les jardins ne sont que les masques d'un temps, les reflets d'une société : espaces de méditation, mais aussi de plaisir et de science, ces lieux domestiqués sont autant de pactes avec la nature. Du mail planté au jardin public paysager, c'est l'image du pouvoir, d'une élite sociale ou d'un peuple laborieux que les tracés nous livrent. Ils ont traversé le temps, rarement abandonnés aux rigueurs de l'oubli. L'homme y retrouve ses racines, son talent créateur et sa soif de connaître. Faut-il vraiment s'étonner du nouvel intérêt que ces jardins suscitent ?

Les promenades publiques flattent l'intime et le secret : les écrivains ont souvent célébré le bien-être des lieux mais sans nous les décrire. Un recensement certes s'imposait ; mais au-delà, et pour mettre en valeur ces rescapés d'époques révolues, l'évocation de l'atmosphère qui les a fait naître permettait de les élever au rang de patrimoine.

La France retrouve ses jardins : une politique de protection s'amorce pour conserver des espaces séculaires modelés par des signatures prestigieuses : Barillet-Deschamps, les frères Bühler, Edouard André… Les vicissitudes de l'histoire ont épargné de nombreux patrimoines paysagers qui ont conservé leur identité et leur vocation. La contemplation de la nature favorise l'expression des sentiments ; rien n'a changé, avec la même fidélité, la population a toujours fréquenté ce lieu de parade, théâtre social dont la nature galante assure la mise en scène.

Ce n'est pas leur étrange beauté qui fascine d'abord le visiteur, mais la science de leur composition : pelouses du Thabor à Rennes, arbres remarquables de Nantes, eaux vivantes de Lyon, fabriques du bois de Boulogne, statues du Luxembourg, rien n'a échappé à l'artiste capable de grouper la dispersion sublime. Depuis des siècles, ces jardinistes et ces paysagistes satisfont l'expression du désir de contempler, de méditer et de se montrer. La promenade, cette conquête de l'homme sur l'espace non bâti, est devenue un rite aux parcours multiples.

Le besoin de sortir de la ville correspond au retour à la paix à la fin du Moyen Age. Les fortifications fatiguées sont devenues inutiles, on les éventre et leur environnement devient un promenoir. On découvre la campagne sous ses aspects paysagers ; il n'est question que de panorama, de vues, de perspectives. Une nouvelle vision de la nature suscite une demande d'abord exprimée par l'élite sociale : des boulevards plantés conduisent aux faubourgs jusqu'alors ignorés ; des espaces libérés à l'intérieur des villes deviennent des lieux de jeux et de promenades, les mails marquent désormais nos villes animées, on y trouve le plaisir de jouir d'un environnement devenu spectacle.

Mais déjà nos rois et nos seigneurs rivalisent dans des aménagements subtils qu'ils veulent à leur image : les petits jardins, autant d'agrément que d'utilité, répandus à la fin du Moyen Age se font oublier face aux grandes réalisations princières. Les nouveaux jardins, écrins de somptueuses demeures sans défense, obéissent aux règles de l'époque. C'est à Amboise que Pacello di Mercogliano réalise ses premières expériences au début du XVIe siècle. Le parcours de l'éblouissement est né : jardins à l'italienne d'abord puis jardins d'apparat, ils ont transmis l'esprit de la promenade dans nos jardins publics.

Alors que les rois mettent en scène la cour, on ouvre les Tuileries aux Parisiens avides de plaisirs et de représentation. On s'y admire,

on respecte les codes ; des grilles, un règlement et des gardiens en uniforme veillent encore de nos jours à ces principes communément admis. A peine Colbert s'est-il exclamé : « Allons aux Tuileries en condamner la porte » que la Révolution gronde et bouleverse les mœurs.

La société est sortie du « siècle auguste de la perruque », elle semble respirer librement. Même la noblesse s'est lassée des belles ordonnances dominatrices, de l'harmonie souveraine des lignes, comme elle est lasse de l'ordre social établi : compassé, guindé, tout de règle, d'étiquette, d'apparat où l'élégance ne sert qu'à mettre en valeur la majesté. Après le règne autoritaire de l'équerre et du cordeau, voici celui de la fantaisie, de l'imprévu, de la galanterie souple. Quinconces du Luxembourg, charmilles de Versailles, tous ces arbres alignés, peignés, taillés, si nécessaires à l'apprêt des gestes d'antan, ont passé avec ces habitudes. Dans les meilleurs des cas, quand on les a conservés, ils deviennent l'image d'un savoir-faire que personne ne conteste puisqu'il s'agit d'Histoire.

Dans la liberté reconquise, les hommes remontent aux sources de la vie ; c'est le retour à la nature. Le jardin botanique devient un « musée de plein air », sa vocation pédagogique répond au désir de connaître, de classer, de nommer les plantes. Le jardin de Montpellier avait donné le ton, les grandes villes rivalisent dans les présentations sous le contrôle des puissantes sociétés d'horticulture : Lyon, Rennes, Nancy deviennent des références que le Jardin des Plantes de la capitale accepte. Mais le peuple aspire à plus d'espace, à un univers sain loin des miasmes de la ville. L'hé-

A la fin du XVIIIe siècle, la promenade urbaine est à la mode ; toutes les classes sociales goûtent aux plaisirs de la déambulation. Mais la ségrégation sociale se perpétue dans le choix des lieux de promenade. A Paris, la foule, la poussière, le bruit des boulevards et des Champs-Elysées font fuir la bourgeoisie dans les anciens jardins royaux tandis que l'aristocratie perpétue sa tradition de promenade spectacle dans les allées de Longchamp.

ritage de l'Ancien Régime ne suffit plus, le préfet de Paris s'en inquiète en ce milieu du XIXe siècle : « La ville n'aura bientôt plus que des places publiques et des allées plantées d'arbres dans quelques quartiers nouveaux. Il faut songer, alors, à établir de grands jardins publics… » Ces propos alarmistes annoncent « l'haussmannisation » prochaine de la capitale. En quelques années, des parcs urbains, tous conçus selon le même modèle paysager, répondent aux désirs d'hygiène exprimés par l'élite sociale.

En province, les préfets et les maires, nommés par le pouvoir, donc hommes liges de l'empereur, remodèlent les jardins des plantes ou créent un nouvel espace. Paris a donné le ton, le jardin public accompagne la politique d'embellissement des villes jusqu'au début de notre siècle. Un même modèle paysager qui répond aux fonctions définies par les élites se développe sur tout le territoire.

Reims,
jardin de la Patte-d'Oie.

A la vocation pédagogique de la promenade s'ajoute et se combine une vocation ludique. La ville est désormais conquise par ses jardins. Michel de Laborde, un des initiateurs de cette genèse sous le second Empire, s'en réjouit quand il écrit : « Autrefois pour respirer un peu d'air pur et jouir du soleil, il fallait ou gagner des promenades éloignées, ou même sortir de Paris ; aujourd'hui les Parisiens ont à leur disposition des jardins répartis à peu près également dans les quartiers de la ville. »

A partir de cette époque, la sensibilité au paysage est exprimée à travers tous les projets d'aménagements urbains. Les jardins publics ne sont pas remis en cause par les mutations sociales, au contraire ! Les espaces domestiqués selon des critères d'un autre temps sont toujours respectés : la pelouse reste interdite, les gardiens veillent au respect du règlement qui stipule encore qu'« une tenue décente et honnête » est de rigueur…

Mais dans les années 1960, quand l'objectif prioritaire du logement est atteint, une pression sociale exprime de nouveaux désirs de loisirs sportifs : le thème de l'environnement et le souci de fonctionnalité conduisent à offrir au public des espaces appropriés : aires de jeux, plaines d'aventures, parcours sportifs amènent à une normalisation reconduite dans toutes les grandes villes.

Alors qu'aux nouvelles pratiques sociales correspondent de nouveaux espaces verts, une jeune génération d'architectes-paysagistes dessine les « jardins du futur » : la Villette, le jardin Citroën, Saint-Quentin-en-Yvelines, Blois… deviennent des références d'un savoir-faire que le monde entier nous reconnaît. Gilles Clément, Alexandre Chémetoff, Michel Corajoud et leurs nombreux collègues en sont les brillants ambassadeurs ; leurs créations sont déjà érigées au rang de patrimoine. Vraiment la France a retrouvé ses jardins !

La naissance d'un parcours

Le Mail

« En beaucoup de villes, on va se promener au mail », lit-on dans le *Dictionnaire* de Furetière de 1690. Cette allée d'arbres aménagée pour le jeu de boules a été conquise par les citadins dès le XVIe siècle. En ces temps de paix retrouvée, le désir d'air pur et de promenade s'exprime sur tout le territoire. On perce les remparts, avant de les détruire totalement ; on ouvre la ville sur la campagne pour jouir d'un environnement devenu spectacle. La sortie dominicale, la promenade du soir impliquent une mise en scène reproduite dans toutes les provinces. Le décor s'accorde au rituel des élites sociales. Ce mode de sensibilité se traduit par l'aménagement d'espaces plantés ; des mails pour les joueurs de boules, des boulevards en bordure des fortifications extérieures qu'ils remplacent progressivement, des cours tracés pour se promener en carrosse. La vogue citadine pour la promenade entraîne une nouvelle conception de l'aménagement de l'espace.

Alors que le commerce et l'artisanat entraînent la construction d'annexes et de dépendances dans les jardins privés, les décideurs dégagent de l'espace et suivent des règles de plantations érigées au rang de modèles. Partout en France, le spectacle de la campagne et la promenade qu'il suscite conduisent à l'admiration de l'arbre. L'orme a toutes les préférences ; depuis que Sully ordonne d'en planter à la porte de toutes les églises paroissiales pour les isoler des habitations, cet arbre se plie à toutes les situations, dans les allées, en quinconce ou dans les salles de verdure. Au XVIIIe siècle, on lui préfère le peuplier d'Italie ; on en fait des pépinières dans tout le pays. La « peuplomanie » entraîne le déracinement des ormes et des tilleuls, autres sujets élus au début des plantations de promenades. La déambulation doit se satisfaire d'un total bien-être, et la stature des peupliers ne permet pas de se protéger du soleil. On taille en éventail, on « pyramide », mais le fatal ciseau éloigne du naturel.

La domination que l'homme a su exercer sur la nature lui a permis de multiplier les plants ; c'est ainsi que le platane pénètre dans le royaume pour se substituer aux arbres indigènes. Ce sujet britannique est d'abord un objet de curiosité pour amateurs éclairés. Louis XV fait venir d'outre-Manche de nombreux pieds pour planter les abords du Trianon. L'arbre est définitivement adopté au XIXe siècle, les routes françaises et les promenades urbaines se couvrent de platanes qui se prêtent particulièrement à la taille en rideau et aux formations de cimes en voûte.

Cette image pittoresque des plantations urbaines est reproduite dans tout le royaume ; le pouvoir politique encourage les initiatives, c'est un exemple de centralisme et de reproduction de modèle. Les intendants suivent avec zèle ; forts de leur pouvoir renforcé sous Louis XIV, ces représentants dirigent les Ponts et Chaussées et contrôlent les finances locales. Ils contribuent ainsi à transmettre, voire imposer, la « vision parisienne » de l'urbanisme. Les villes doivent s'intégrer dans la conception générale d'une ébauche de politique d'aménagement de territoire. Issus des milieux éclairés, recrutés dans le corps des maîtres de requêtes, les intendants provoquent ou accompagnent le phénomène d'expansion urbaine amorcé dès la fin du XVIe siècle. L'exemple du marquis de Tourny, intendant de la généralité de Bordeaux de 1743 à 1757, traduit l'influence du pouvoir sur la politique de l'espace. Déjà à Limoges, cet administrateur avait fait aménager en 1742 une promenade plantée d'ormeaux et de tilleuls, appelée le « cours Tourny » jusqu'à la

▷ ***A Aix-en-Provence, les arbres apparaissent très tôt dans le décor urbain. Ils ont d'abord orné les entrées de la ville puis le bord des remparts avant d'agrémenter les boulevards et les places ; Aix a conservé cette image de l'arbre dans la ville.***

Révolution. A Bordeaux, l'intendant fait combler les fossés pour créer une ceinture de boulevards plantés (1743) ; les allées de Tourny sont plantées de quatre rangs d'ormeaux et de tilleuls, devenant ainsi un modèle d'aménagement pour la province.

En règle générale, les villes s'adaptent aux nouvelles formulations d'espaces plantés mais sans en prendre l'initiative. C'est le pouvoir royal qui afféage les terrains militaires devenus inutiles ; le génie se charge de créer les promenades. Sous Louis XIV, le génie militaire a reçu l'ordre de planter des ormes dans toutes les places fortes. Un directeur des fortifications de Bretagne, auteur de plans de belles promenades conquises sur les remparts, y a laissé son nom : le cours d'Ajot à Brest, les allées d'Ajot à Port-Louis. Dans cette province, le génie possédait ses propres pépinières ; les remparts de terre de Lorient se couvrent d'ormeaux qui ferment la ville d'une muraille verte chantée plus tard par Brizeux. L'influence du pouvoir entraîne la définition de codes propageant l'idée de promenades avec sa stratégie émotionnelle suscitée par cette conquête des fortifications, associée au culte du « panorama », au désir de paysage. Ailleurs, les quais sont domestiqués, les champs de bataille et de manœuvre se rendent aux promeneurs.

En quête de représentation sociale dans un décor naturel, les élites se mettent en spectacle. C'est l'époque de la cérémonie des « cours » : à Paris, on attend aux Tuileries l'heure d'aller au Cours-la-Reine où le carrosse est de rigueur. En province, on se montre dans des déambulations dominicales savamment codifiées ; des règlements interdisent l'accès des mails aux indigents et aux laquais « aux heures de la promenade » ; comme au Cours-la-Reine, des chaînes puis des grilles dorées en ferment les accès, les gardiens en uniforme veillent, une mise en scène sécuritaire donne du sens à cette pratique de la promenade urbaine, le décor annonce celui du jardin public. Depuis des siècles, les citadins ont conservé ces lieux de représentation ; le théâtre social, tel qu'il se déploie dans les espaces plantés, associe le désir de voir, d'être vu… et d'avoir des émotions !

Aix-en-Provence

La ville a toujours vécu à l'ombre des plantations des cours et des boulevards. Le rattachement de la Provence à la couronne de France en 1482 n'a pas fait perdre à Aix sa place de capitale régionale. Elle en a gardé la tradition d'urbanisme autour d'un plan éla-

Aix-en-Provence.

Montpellier

▽ ***De nombreuses villes ont leur mail, leur place aux Arbres, leur Promenade des Remparts ; le mail du Champ-de-Mars à Montpellier a été aménagé dans cet esprit de promenade urbaine.***

boré dès le XIe siècle. Aix-en-Provence est une des premières villes du royaume à jouir de promenades plantées ; les embellissements du XVIIe siècle intègrent au cœur de la ville le cours Mirabeau (1649-1658). Les plantations de la place des Jacobins et la place des Trois-Ormeaux ne répondent plus aux aspirations des élites qui vivent au rythme du parlement de Provence. On plante le Grand Cours de quatre rangées d'ormeaux, artère vitale de la ville ; les Aixois prennent alors l'habitude de « faire le cours » vers le quartier Mazarin ombragé et agrémenté de la fontaine des Quatre-Dauphins. Au XVIIIe siècle, on plante les boulevards longeant les lices extérieures (1724-1737) qui complètent les autres cours Saint-Louis, Sainte-Anne, Les Minimes, Notre-Dame construits à la fin du XVIIe siècle.

Aix devient l'exemple à suivre ; les notables de Caen y font référence quand ils créent un Cours-la-Reine en 1676. Après la destruction des remparts (1848-1880) et les

Montpellier

La place royale du Peyrou à Montpellier. La réorganisation militaire du royaume à partir de 1670 rend caduques les vieilles enceintes communales. A Montpellier comme dans de nombreuses villes, les fossés et les contrescarpes sont aménagés en promenades publiques. L'usage est de « faire son cours », Montpellier obéit au mouvement général en adaptant aux particularités de ce site les nouveaux stéréotypes de la promenade urbaine ; le promontoire du Peyrou offre depuis 1690 une superbe vue qui prolonge au couchant la colline sur laquelle elle s'étend.

plantations des boulevards de ceinture, Aix est une des villes les plus agrémentées de promenades plantées. Les ormeaux et les mûriers ont longtemps peuplé la ville jusqu'à l'apparition du platane vers 1750, après quelques essais malheureux en acacias au milieu du XIXe siècle. Malgré une tentative de planter des marronniers d'Inde sur les terrains de la lice Villeverte, le platane règne à Aix-en-Provence et la séduction opère toujours !

Nîmes

L'ensemble du quartier du jardin de la Fontaine est propre à émouvoir. Les remparts nord de la ville médiévale ont disparu dès 1630 pour permettre à la ville de vivre son extension dans un contexte d'essor économique remarquable. A Nîmes, tout est raisonné en matière d'urbanisme ; le plan de « ville nouvelle » dressé en 1741 par Mareschal, ingénieur et directeur des

Le projet du jardin de la Fontaine à Nîmes répond au désir de réalisation de prestige au milieu du XVIIe siècle à une époque où la ville est confrontée à des problèmes d'extension et de gestion de l'eau.

La végétation participe à l'effet général ; le jaillissement souple des platanes accompagne l'eau du canal ; ils forment en été une voûte fraîche et bruissante qui contribue à donner à ce lieu une image transmise depuis des siècles, alors que les marronniers dressent leur silhouette rigide qui s'accorde parfaitement avec le tracé du jardin. L'attrait des lieux vient aussi du jeu savant des proportions et des dispositions entre les vases, les balustres et les murs. La source est là mais on ne la voit pas, le mystère est entier, les deux escaliers semi-circulaires occupent en lieu et place des escaliers romains, pour nous rappeler que la source a été de tout temps un sanctuaire, la maison des Nymphéas.

La promenade se prolonge par un parc pittoresque aménagé en 1820 et restructuré régulièrement jusqu'à nos jours.

fortifications de la province du Languedoc, traduit la volonté royale d'assurer une unité des lieux dans un site voué à une source depuis l'Antiquité.

Un siècle après Vaux-le-Vicomte et Versailles, Nîmes s'offre ainsi un jardin à la française : le dessin global et symétrique s'adapte au site de la Source, l'importance donnée à la perspective et à l'eau semble essentielle, une terrasse permet d'en saisir les effets.

Le visiteur est récompensé des efforts fournis pour monter jusqu'à la tour Magne qui s'harmonise avec la végétation méditerranéenne, la grande allée rythmée par les cyprès et le mas rouge avec son point de vue sur la ville. C'est là une magnifique ruine que les amateurs de jardins romantiques italiens aiment parcourir.

Du domaine royal au jardin public

« Les jardins publics de Paris et aux alentours sont nombreux », notait J.C. Loudon dans sa revue *The Gardener's Magazine*. De son voyage en France en 1828, le célèbre paysagiste écossais remarque aussi que « le jardin des Tuileries, autrefois appelé royal, est peut-être entre tous le plus intéressant jardin public au monde ». Venant d'un des précurseurs des parcs urbains, le compliment est devenu une citation maintes fois reprise ; mais l'observation flatteuse ne cache-t-elle pas le vide autour des quelques jardins royaux récemment ouverts au public ? Si la France était à l'image de la capitale, tous les citadins jouiraient de ces parcs, or le concept même de jardin public ne prend forme qu'au milieu du XIXe siècle.

Certes on avait pris conscience de la nécessité d'aménager des promenades plantées. Les mails, les cours, les boulevards sont prolongés et élargis ; leur fréquentation n'a jamais décliné, la demande est permanente pour des aménagements en cabinets d'aisances, cafés, réverbères... A partir de 1790, l'initiative est laissée aux municipalités et en 1812 une circulaire prévoit un chapitre « promenades, pépinières » au titre IV des dépenses ordinaires de la commune : « Tout citoyen qui aura planté, à ses frais, une promenade publique dans sa commune. » Un

rapport du 25 vendémiaire an VII fait le point sur les promenades urbaines : « Que n'avons-nous pas à faire dans ce genre ?... Les chefs-lieux ont besoin de promenades, d'avenues et de vergers qui les entourent, les ornent et les enrichissent. »

Quelques villes ont montré l'exemple en ouvrant les jardins du clergé, mais tous les exemples connus montrent la rapide détérioration des lieux peu entretenus. A Rennes, le Thabor, ancien domaine de l'abbaye Saint-Melaine, est « le lieu de rendez-vous des duettistes, on y pratique l'amour vénal... », l'épaisse végétation en fait un repère à deux pas du centre-ville ; l'idée de son remodelage et de plantations s'amorce à partir de 1824 mais c'est en 1867 que Denis Bühler lui donne des allures de jardin public. Partout en France, le passage du domaine privé au jardin public se gère en deux périodes, de la confiscation des biens du clergé à la recomposition du territoire. A Strasbourg, le parc de l'Orangerie créé en 1804 est transformé en 1840 ; à Dijon, le parc de la Colombière est acheté en 1800 au duc d'Enghien ; l'ouverture au public du jardin de l'évêché à Blois est un acte révolutionnaire que revendique l'abbé Grégoire, célèbre prêtre constitutionnel. De même à Bourges, le jardin de l'archevêché est ouvert au public à la Révolution alors que le palais épiscopal devient mairie en 1800. A Rouen, le jardin de l'hôtel de ville occupe l'emplacement du jardin de l'abbaye Saint-Ouen, c'est un des rares parcs redessinés dès 1802 (Bouet, architecte de la Ville) et ouvert au public en 1806. Seuls les anciens jardins royaux de Paris, le Palais-Royal, les Tuileries et le Luxembourg assurent la fonction de jardin public telle qu'on la conçoit. Ces espaces, symboliques par leur appartenance, offrent un refuge commode aux mœurs

Propriété du Sénat depuis 1879, le jardin du Luxembourg a toutes les caractéristiques du jardin public. Poumon vert au cœur de la capitale, refuge des fidèles du Quartier latin, le jardin assure la fonction hygiéniste exprimée au XIXe siècle (vue prise de la tour Montparnasse).

de la capitale. « Lieux de tous les publics », s'étonne J.C. Loudon, il faut nuancer l'observation car des gardiens veillent périodiquement aux bonnes mœurs et aux tenues décentes.

Le jardin du Luxembourg

Quand Catherine de Médicis fait acheter l'hôtel du Petit-Luxembourg et les terrains vagues qui l'entourent, elle affirme cette volonté nouvelle d'agrémenter la capitale de promenades et de jardins ordonnés. Parfaitement consciente du rôle de représentation qu'ils doivent jouer, la reine « … associe poètes, musiciens, architectes, peintres, sculpteurs pour créer des spectacles susceptibles d'impressionner des étrangers, raviver le loyalisme français, et subtilement exprimer la politique d'Etat… » ; les jardins royaux constituent le théâtre de cette diplomatie et l'Italie sert de référence. Le palais que construit Salomon de Brosse au début du XVIIe siècle pour Marie de Médicis est conçu à la manière florentine, à l'image du palais Pitti dont la reine avait la nostalgie. L'architecture détermine les tracés du jardin dessinés par Boyceau de La Baraudière : on creuse un bassin octogonal, miroir de la façade principale, flanqué de terrasses plantées d'ifs. Sur le côté droit, des bosquets et des charmilles créent une intimité qu'accompagnent des statues dans des encadrements de verdure. Le décor à l'italienne est total ; depuis plus d'un siècle, en Italie, ces lieux intimes sont devenus des éléments essentiels de la composition des jardins.

L'œuvre a souvent été remodelée ; déjà Marie de Médicis avait agrandi le domaine en achetant une partie de l'enclos des Chartreux, mais c'est sous la Révolution que le jardin atteint ses proportions actuelles de ce côté. Chalgrin dessine sur ces nouvelles parcelles un jardin paysager qui rompt avec la solennité des parterres réguliers ; cette diversité fait le charme de

ce jardin qui s'ouvre vers une perspective aménagée sur l'ancien enclos du couvent de Port-Royal. Autant de lieux qui invitent à la flânerie et au repos au milieu d'une impressionnante distribution de statues et de bustes, la plupart érigés au temps de Louis-Philippe. Propriété du Sénat depuis 1879, le lieu a tous les caractères du jardin public ; dès le premier Empire, la nouvelle élite sociale en avait fait une promenade à la mode : « Tandis que le Palais-Royal regorge de courtisans, de libertés blasées et qu'on y tient haut des propos les plus indécents, le Luxembourg offre une promenade sage, tranquille, solitaire, philosophique. Là l'honnête bourgeoisie offre ses filles pudiques, les mères y marchent décemment. » Aujourd'hui, le visiteur est

Le fleurissement des larges coupes fait la renommée du jardin du Luxembourg ; la composition de pélargoniums à feuilles de lierre s'harmonise avec cette large vasque portée par deux Amours.

toujours le spectateur immobile, placé au parterre d'un théâtre ; le jardin du Luxembourg aux multiples facettes se présente comme un décor où l'illusion de l'espace est donnée par la convergence de toutes les directions sur un point fixe qu'est le parterre central, lieu de rencontres des amoureux d'espaces lumineux dans un site historique.

Le Palais-Royal

Est-ce l'architecture qui donne du sens à ce petit jardin ou bien l'empreinte de l'histoire de France ? L'endroit semble modeste, on y accède comme dans un cloître et rien ne vient troubler la sérénité des lieux, même les colonnes de Buren qui accompagnent depuis 1985 les pilastres dans des galeries latérales érigées au temps de Philippe Egalité. Du jardin où s'ébattait le jeune Louis XIV, il ne reste qu'une parcelle centrale. Le lotissement qui l'entoure fut construit par Philippe d'Orléans, touché par la fièvre de la spéculation immobilière. Des plans et des écrits laissent imaginer la jardin originel quand il était bordé d'un bois et d'une allée d'ormes plantés en quinconce. Mais la renommée du Palais-Royal tient plus à sa fréquentation qu'à son architecture. Ouvert à la population par le Régent, il remplit pendant longtemps sa fonction de jardin public, de tous les publics, du philosophe aux commerces illicites et aux dames légères. On y échangeait les idées nouvelles au siècle des Lumières ; les chroniqueurs en ont conservé l'image de Camille Desmoulins haranguant la foule deux jours avant la prise de la Bastille ! Cocteau, Malraux, Colette ne s'y sont pas trompés quand ils ont choisi l'environnement du jardin comme demeure ; n'est-ce pas une manière de venir communier avec l'Histoire ?

Aujourd'hui, même si l'espace s'est restreint, les jets d'eau renvoient aux deux grands bassins initiaux, les arbres taillés en quinconce et leur tronc dégarni s'accordent avec l'architecture austère marquée par les colonnes antiques. Le mobilier urbain est toujours accueillant, il permet de goûter aux plaisirs du jardin à l'abri des agressions urbaines.

Lieu de promenade mais aussi refuge de la corruption, lieu d'exposition du luxe et des mondanités, le Palais-Royal fut livré à la Révolution à une population éprise de fêtes et de promenades.

Les Tuileries

Dès le XVIIe siècle, Paris s'agrémente de grands axes plantés qui ouvrent la ville fortifiée sur un environnement devenu spectacle. L'exercice de la promenade s'intègre dans la quotidienneté des aristocrates citadins et des bourgeois commerçants. La sensibilité au pittoresque déborde le cercle de la haute noblesse encore acquise au « siècle de la perruque ». Les citadins semblent respirer plus librement ; conquis par les belles ordonnances du jardin royal des Tuileries, avec ses parterres de broderies et ses bassins classiques, Paris s'éprend de son fleuve, des collines avoisinantes et de la plaine. On goûte à l'imprévu du paysage mis en scène dans une harmonie souveraine des lignes tracées par Le Nôtre, du centre du jardin vers le panorama des Champs-Elysées. Les promeneurs se plaisent à parcourir des perspectives axées à l'ouest sur le château des Tuileries et à l'est à partir du cours de Vincennes. Aucun lieu ne symbolise autant l'emprise du pouvoir sur la politique de l'espace ; initiée par Henri IV, l'idée de perspective a été reprise par Colbert, par Napoléon Ier, puis par Napoléon III et conservée jusqu'aux plus récentes restructurations.

Les jardins des Tuileries ainsi ouverts engendrent une nouvelle stratégie émotionnelle qui en a fait le lieu préféré des Parisiens pendant des siècles. Lieu des mondanités le jour et des fêtes coquines au coucher du soleil, les Tuileries ont traversé les tempêtes révolutionnaires même si on réduit l'espace ouvert au public sous la Restauration. Le peuple de Paris a conquis des lieux symboliques et repris à son compte bien des aspects du comportement des ennemis d'hier. Confisqué à la noblesse, le jardin garde des allures de fêtes en devenant le cadre de spectacles incessants organisés par les nouveaux « industriels du loisir ». On ne va plus aux Tuileries dans un souci de représentation, ni pour participer au jeu de l'identité individuelle et sociale. On court s'amuser, faire la fête aux idées nouvelles, victorieuses du siècle de Racine et de Le Nôtre.

La tradition a traversé le temps mais la fête foraine ne peut résister aux travaux de réamé-

Les Tuileries étaient devenues le jardin de plaisirs où les attractions séduisaient autant que les parterres et les allées au cordeau. Aujourd'hui, les espaces reconquis du cours du Carrousel et des jardins des Tuileries permettent de redonner à ces lieux historiques leur vocation de jardin d'agrément et d'écrin à un palais du Louvre habillé pour le XXIe siècle.

PELOUSE
INTERDITE

Aux Tuileries, tout a un nom : le Grand Carré, composé des jardins réservés et des carrés verts, le Grand Couvert, l'Octogone, le Fer à Cheval, les terrasses du Bord de l'eau, des Feuillants, de l'Orangerie et du Jeu de Paume. Les concepteurs redonnent un nouveau visage à ces lieux en conservant ces repères historiques dont les statues de Maillol constituent les dernières images fortes.

nagements. Car dans le cadre d'une politique volontariste de grands travaux, Paris n'a pas oublié ses jardins. Depuis 1990 des projets ont répondu à cette ambition de remodeler 27 hectares des jardins des Tuileries et du cours Carrousel dans un esprit novateur et de conservation de patrimoine. L'équipe d'architectes conduite par Cribier-Benech-Roubaus a été choisie pour un projet qui complète l'environnement du palais du Louvre. A la fin des réalisations, le nouveau jardin offrira la particularité d'avoir un axe lisible vers l'est avec une succession d'impressions du végétal au minéral et inversement, tout en conservant la perspective initiale. Les arbres s'avanceront jusqu'au pavillon de Flore et Marsan. Transversalement, les allées nord-sud retrouveront une thématique (kiosque, vases, tilleuls taillés). Des bosquets renverront au style régulier de Le Nôtre, un immense carré vert de 5 hectares recouvrira l'emplacement des parterres du XVIIe siècle. Une terrasse de statues partagera les cours du Carrousel et des Tuileries.

L'architecte Jacques Wirtz a reçu pour mission d'étudier plus particulièrement le jardin du Carrousel. Une vaste composition végétale illustrant le canal de la Paix s'alignera sur l'arc inspiré de la Rome antique, tandis que deux broderies calligraphiques se déploieront au pied des façades avec des cabinets verts aménagés pour accueillir les statues de Maillol. Le nouveau modelé, les premières plantations et les intentions des auteurs apportent déjà du sens à ce gigantesque projet qui redonnera vie à des lieux historiques qui ont toujours reçu les clameurs parisiennes.

Versailles

Quoi de plus beau que les souvenirs de jardins, ceux qu'on parcourt en refaisant l'histoire, les histoires, car la mémoire s'égare dans les règnes et les changements de décor ? Ce jardin est d'hier mais ses métamorphoses en font un objet d'étude archéologique. On tente de retrouver la mémoire des lieux, le public a conquis le domaine royal, il ne veut pas rester étranger aux symboles récurrents, alors il le parcourt sans jamais perdre de vue les acteurs qui l'ont fait vivre.

Versailles est un jardin de mémoire, symbole de la raison d'Etat, de l'art de guider ses pas, d'époques révolues mais toujours honorées. Sagesse ou folie, l'art du Grand Siècle nous a transmis le décor, il manque la mise en scène. Le jardin était devenu un monde en représentation qu'il nous plaît d'imaginer et même de faire revivre dans des instantanés de jeux aquatiques et de fêtes nocturnes. Au-delà des allées tracées au cordeau, des bosquets, des bassins livrés à la portée de tous les publics, savons-nous avec quel art on entendait remplir les espaces vides ? Les fêtes se succédaient à Versailles au temps de sa splendeur ; théâtre, musique, promenades en bateau sur le Grand Canal avec lumières et scènes musicales, jeux d'eau, illuminations. Tout ce dont « l'industrie du spectacle » est capable s'offre en hommage à la souveraineté du prince.

Sur un territoire hostile, marécageux « sans bois, sans eau », Le Nôtre a dessiné à partir de 1662 un jardin à l'image de son roi. Du château sans cesse agrandi, on embrasse le système d'axes longitudinaux et transver-

Périodiquement Versailles renaît d'un abandon épisodique qui met en péril son existence. Pourtant le recyclage du couvert végétal a toujours été pratiqué ; une première replantation partielle a été entreprise en 1747 et en 1776 (280 000 plants de chênes) ; l'architecte Questel fait … accompagner les travaux de rénovation du château par d'importantes replantations en 1860 (introduction du platane dans le parc) ; d'autres interventions régénèrent partiellement un parc toujours soumis aux effets du temps : les travaux entrepris au lendemain de la Première Guerre mondiale grâce à la donation Rockefeller, puis à partir de 1944 (7 000 tilleuls de Hollande remplacent les ormes) se poursuivent aujourd'hui.

Les alignements de l'allée des Suisses du parc de Versailles donnent une note romantique aux lieux. Saint-Simon a stigmatisé les retouches permanentes que subissait le projet de jardin à Versailles. Le renouvellement perpétuel des effets, la scénographie végétale, les esquisses successives des modelés de terrains, constituent le caractère même du jardin classique. Mais la remise en cause des choix successifs rend difficile la restauration. Quelle époque de référence retenir ? Quel crédit apporter aux nombreux documents iconographiques souvent restés à l'état de projet ? Versailles représente bien les problèmes liés à l'entretien et à la rénovation d'un patrimoine paysager.

◁ *Le parc Balbi à Versailles a été dessiné par l'architecte Chalgrin en 1785 à une époque où l'anglomanie influençait l'art des jardins. La restauration en 1960 restitue l'esprit du jardin paysager, les allées sinueuses, le lac et les plantations voisinent avec le Potager du Roi pour constituer une complémentarité unique en son genre.*

△ *Le lac participe à l'image romantique du bois de Boulogne reproduite dans de nombreux jardins publics (Lyon aura son lac et ses embarcations comme la capitale !). Le spectacle de l'eau procure une sensation renouvelée au fil des saisons.*

saux dont la symétrie constitue le squelette de l'ensemble. L'axe d'implantation du château et du parc, d'est en ouest, trajectoire solaire choisie par le roi, dicte à Le Nôtre son parcours. A l'est le parterre d'eau reçoit les premiers rayons du soleil, puis l'escalier monumental, prolongé par deux rampes en hémicycle, conduit à la seconde terrasse dominée par la fontaine de Latone. De là, une perspective s'ouvre en une large allée, l'allée Royale, séparée en son milieu par le Tapis vert. C'est toujours le parcours emprunté par les visiteurs tant ils sont attirés par le point de convergence, le bassin d'Apollon, creusé au début des travaux. Derrière cette œuvre maîtresse, le domaine s'étale à l'infini, amplifié par le Grand Canal long de 2 kilomètres.

Certes le jardin a évolué, les haies de charmilles ont disparu sous Louis XV, remplacées par des arbres alignés ; les bosquets paraissent plus secrets, la mousse a atténué les effets mythiques des dieux et des déesses, les jeux d'eau subissent les caprices du temps. Mais des réaménagements ont réhabilité des chambres de verdure, animé des bosquets ; le public goûte au secret des lieux, à l'intimité du parcours. Loin du cérémonial dont Louis XIV avait fixé les règles, les visiteurs posent un regard différent sur Versailles ; parcours de l'Histoire, parcours de l'éblouissement, à chacun de créer son spectacle, la variété aidant à maintenir l'émotion. Vidé de son contenu symbolique, le jardin s'ouvre au public pour le plaisir des yeux, pour l'agrément de la diversité. Versailles, un jardin public ? Il l'est devenu par sa fréquentation quand il se laisse parcourir selon l'humeur de chacun.

△ et ▷
Le parc de Sceaux a conservé les splendeurs du passé ; dessiné par Le Nôtre, le domaine de Colbert vit toujours d'eau et de lumière, dans une ambiance de parc « à la française », même si les parterres, les bosquets et les statues ont disparu depuis le réaménagement des années 1920 entrepris par J.C.N. Forestier et L. Azéma.

Le parc de Sceaux

A Sceaux, comme à Versailles, le jeu de l'éblouissement est provoqué par une ordonnance soumise aux règles de Le Nôtre. Le maître jardinier dessine en 1670 le parc de la propriété de Colbert selon les mêmes principes retenus à Versailles et à Chantilly pour le Grand Condé. Le parcours, conduit par la perspective infinie de l'eau, est rendu grandiose par l'ampleur du tracé du Grand Canal bordé d'une quadruple rangée de peupliers d'Italie.

Une savante restauration entreprise en 1856 puis à partir de 1926 nous restitue cet

ensemble aux diverses facettes. La signature de Le Nôtre a été respectée dans ses grandes lignes ; le dessin de la Grande Cascade reconstruite dans un esprit cubiste et le décor du bassin de l'Octogone s'intègrent parfaitement dans cet univers de 152 hectares qui vient de renaître d'un passé douloureux. Le promeneur se laisse diriger vers le Bassin octogonal mis en scène par une cascade monumentale où, jaillissant de trois mascarons de Rodin, l'eau ruisselle en dix-sept nappes successives scandées par les bouillons et les chandeliers. Les bosquets se multiplient de part et d'autre de l'axe principal de la composition. Les allées qui s'entrecroisent délimitent des cabinets de verdure en laissant deviner à chaque fois des visions sur des espaces intimes. C'est tout l'art de Le Nôtre d'avoir créé de grands ensembles au tracé fortement marqué et ponctué de scènes pleines d'effets imprévus. Comme au temps du « parcours de l'éblouissement », on se laisse séduire par cette « vision triomphante de la Nature » dans un décor rythmé par des scènes toujours renouvelées, contraignant chacun à se laisser conduire dans cette immensité façonnée dans l'esprit de l'art du Grand Siècle.

Terrasses de Saint-Germain

Les terrasses de Saint-Germain-en-Laye ont été dessinées par Le Nôtre en 1663. Amputés pour construire la première ligne de chemin de fer, abandonnés, remodelés en jardin paysager, les jardins du XVIIe siècle sont en partie reconstitués en privilégiant l'immense percée de l'avenue des Loges qui permet de redonner aux lieux l'ambiance panoramique qui en faisait la renommée.

Le parcours initiatique de la botanique

L'histoire naturelle se met en scène dans le jardin botanique municipal ; on y pratique la pédagogie de la vision, en même temps on y cherche des émotions.

Au jardin, l'utile et l'agréable se sont toujours côtoyés, mais de plus en plus, à partir du XVIe siècle, le jardin d'utilité se distingue du jardin d'apparat. Cette séparation de genre annonce l'évolution qu'amplifieront les grandes découvertes. Désormais les fleurs et les arbres d'agrément voisinent de moins en moins avec les légumes et les nouvelles espèces. On se délasse, on recherche l'hygiène et le bien-être dans un jardin organisé pour la vue et pour la promenade, alors que le jardin de culture procure les biens utiles et sert de terre d'accueil et d'acclimatation pour les plantes introduites en Europe. On y est curieux, on nomme et on étiquette ; la connaissance crée du discours et bientôt la visite du jardin botanique devient un parcours initiatique où le maître vulgarise un savoir construit à sa mesure. Cette curiosité nouvelle le conduit dès le XVIIe siècle à donner un sens, une précision, aux sciences de la vie. Les grands voyages apportent descriptions, gravures et échantillons à partir desquels aristocrates et bourgeois curieux investissent en temps et en argent. La nature prend du sens, Rousseau herborise, Linné classe, Buffon élabore les règles de l'histoire naturelle ; la nouvelle science s'enseigne à Montpellier, à Paris. Un débat s'instaure entre les partisans d'une nature immobile et ceux qui appréhendent l'infinie puissance créatrice de la vie. La théorie sur l'évolution des espèces est au cœur des débats. L'histoire naturelle a engendré une grille du savoir dont l'élite s'empare sans en saisir le sens mais en la mémorisant afin d'afficher son appartenance à la science. L'homme se plaît à nommer, à voir ce qu'il peut exprimer. Il s'est créé des outils pour analyser avant de bâtir une histoire : des herbiers, des collections, des jardins botaniques.

La Révolution amplifie cette démarche en créant une Ecole centrale et un lieu d'expérimentation dans chaque département ; ainsi se constitue officiellement un « milieu d'histoire » où les classements, les mots, les racines servent de méthodes. Les premiers catalogues sont publiés, celui de Montpellier paraît dès la fin du XVIIIe siècle. Tout semble simple, il suffit de nommer le visible, de le ranger dans une classification officiellement admise qui évolue selon la personnalité des observateurs. On s'éloigne de Linné, Buffon ou Tournefort ; Jussieu et Candolle imposent la systémique, chaque école, chaque pays rivalise dans l'analyse structurelle des plantes et sa transcription dans le langage. La plante devient objet d'art, on la dessine, on en reproduit fidèlement la structure des parties, sa composition et l'assemblage des pièces ; le dessin aquarellé devient une pièce d'étude

L'homme a besoin de repères, le célèbre cèdre du Liban du Jardin des Plantes jalonne la promenade sur le monticule du labyrinthe.

scientifique reconnue. La plante ainsi mise en scène décore les ouvrages scientifiques quand elle ne devient pas tableau de maîtres.

Nos jardins publics ont gardé la mémoire de cet engouement pour les plantes ; Paris, Lyon, Marseille, Bordeaux, Rennes, Nancy, Orléans… partout en France, des jardins botaniques ont conservé des classifications devenues patrimoine. Leur intérêt pour la culture classique ne tient pas essentiellement à ce qu'ils permettent de voir mais ce qu'ils représentent historiquement. A l'époque de la biologie moléculaire, de l'infiniment petit, il convient de porter un regard sur la démarche entreprise pendant deux siècles. « Connaître les plantes, disait Tournefort, c'est savoir précisément les noms qu'on leur a donnés par rapport à la structure de quelques-unes de leurs parties… », les jardins botaniques contribuent à transmettre ce mode d'analyse ; quelle que soit la disposition, on étiquette en nommant le genre, l'espèce, la variété ; un monde savant s'étale sous nos yeux que l'on contemple à défaut d'en saisir le sens.

Le Jardin des Plantes de Paris

Jardin des plantes, jardin zoologique, jardin public de quartier, peu de parcs remplissent autant de fonctions au cœur d'une capitale. Ce Jardin du roi, fondé en 1635 et devenu en 1793 le Muséum d'histoire naturelle, a rassemblé pendant des siècles tous les spécimens d'organismes végétaux ou animaux que les naturalistes ont pu répertorier lors de leurs voyages-découvertes. L'inventaire est toujours lisible, savamment mis en scène et étiqueté avec rigueur.

Tout a commencé par une idée de Henri IV et reprise par Louis XIII qui s'intéressait aux plantes médicinales. Gui de La Brosse fut chargé de l'exécution du projet ; 2 000 plantes furent recueillies et cultivées pour le service du roi et de la botanique, il y en a aujourd'hui plus de 6 000. La Révolution rebaptisa l'espace en muséum mais l'image populaire lui préféra le nom de Jardin des Plantes. Pour l'étranger, l'appellation est trompeuse quand on sait le succès que connaît le zoo ; quelle histoire que ce transfert de la ménagerie de

Versailles lors d'un cortège surréaliste ! Des bêtes efflanquées, délaissées par les événements révolutionnaires, sont ainsi livrées à un jardin voué à d'autres fonctions. Les commissaires sont obligés de réquisitionner des bêtes sauvages dans les baraques foraines pour compléter la pauvre colonie. Le siège de Paris en 1870 a tout mangé, aucun descendant des premiers locataires n'y a survécu.

Ce jardin a toujours poursuivi sa mission de laboratoire d'expérimentation scientifique, de formation horticole et botanique tout en accueillant les promeneurs dans un cadre varié plein d'attraits. On visite les serres comme objets de curiosité et lieux du savoir, le Jardin des Plantes initie le plus grand nombre à la connaissance universelle, expression du jardin didactique du XVIIIe siècle. Bernardin de Saint-Pierre, successeur de Buffon à la direction du jardin, avait bien compris l'importance de conjuguer l'histoire de l'architecture et l'histoire des êtres vivants. Il crée la Vallée suisse, le premier jardin pittoresque du Jardin des Plantes. Les animaux occupent ce vallon artificiel où ils sont dispersés dans l'espace et entourés d'essences correspondant à leur milieu naturel. Les fabriques dessinées par Wernike, mathématicien, architecte du Muséum, correspondent aux latitudes d'origine des animaux. Des écriteaux appendus au treillage des enclos enseignent toujours l'espèce et le milieu naturel de l'animal.

Le Jardin des Plantes est un jardin public par ses fonctions et sa fréquentation ; les enfants côtoient les étudiants et les retraités dans une ambiance que ces lieux historiques n'ont jamais perdue. Un microcosme s'est créé au cœur de Paris où chacun a sa raison de fréquenter les lieux. Du belvédère au cœur du jardin anglais, on découvre les 28 hectares du site avec de nombreux espaces à fonctions spécifiques qui font le charme et la richesse de ce jardin unique.

Le Jardin des Plantes occupe le même emplacement depuis 1635 ; il s'est étendu au cours des siècles pour atteindre une superficie de 22 hectares dont une quinzaine ouverts au public. Ce jardin échappe à tous les styles d'architecture de l'art des jardins ; son organisation est le résultat de l'implication permanente de scientifiques et de jardiniers qui répondent d'abord à la fonction de la connaissance, de la conservation et de la diffusion des plantes. Classé Monument historique en 1993, ce jardin assure sa mission dans un contexte de patrimoine reconnu.

Le jardin botanique de Montpellier

Montpellier est la plus ancienne université de médecine d'Europe ; on y est attiré au XVIe siècle par la richesse des contacts mais aussi par la flore et par un instrument unique au service des précurseurs de la recherche médicale, le jardin botanique. Le jardin des plantes fondé en 1593 par Richer de Bolleval apparaît comme une des premières références par sa structure ; il avait été précédé par celui de Guillaume Rondelet, au cœur de la ville, dans la cour de l'université de médecine.

Richer de Bolleval est un professeur d'anatomie et de démonstration des simples, sa vocation pédagogique le conduit à concevoir un nouveau jardin botanique. Pour que chacun accède à la connaissance, un parcours est organisé : les plantes sont présentées sur des banquettes parallèles à 75 centimètres du sol, délimitant des allées bordées de pierres gravées de noms des espèces qu'on allait découvrir. Richer de Bolleval prend le soin de classer ces plantes, il isole les espèces médicinales, objets d'une attention particulière et répartit les autres selon

Le jardin botanique de Montpellier a fêté ses quatre cents ans d'existence. Le travail de classification ainsi que l'influence que les créateurs ont exercée sur les autres botanistes de l'époque comme Tournefort ou Jussieu donnent à Montpellier une place reconnue dans la botanique. L'Ecole systémique, le tertre de Narcissa, la Montagne, l'orangerie, les serres… autant de lieux devenus références dans l'évocation de l'histoire des jardins botaniques.

leur provenance géographique, les plantes aquatiques constituant un thème particulier. La méthode fit école puisque les étudiants du maître montpelliérain la répandirent dans toute l'Europe.

Les Grandes Découvertes et leur apport de plantes nouvelles élargissent le champ de la connaissance. La disposition du jardin de Richer de Bolleval sert de modèle puis on lui préfère d'autres classifications. Magnol, et son élève Pitton de Tournefort, Antoine Laurent, Bernard de Jussieu et d'autres scientifiques font évoluer la connaissance botanique et contribuent à maintenir la renommée de Montpellier. La Révolution bouleverse les traditions ; désormais une école de pharmacie et une faculté de sciences complètent la faculté de médecine. Chaque établissement a son propre territoire : la préparation de médicaments à base de plantes côtoie l'étude de la botanique médicale. Le célèbre Candolle appartient à cette école ; en révolutionnant la classification des plantes suivant la méthode naturelle, il propose une nouvelle distribution des espèces qui sert d'objet d'étude jusqu'au début du XXe siècle.

Les jardins botaniques de Nancy

En associant son art au langage floral, l'école de Nancy a participé à la renommée d'une ville qui a toujours consacré une attention particulière à la botanique. Les ducs de Lorraine avaient manifesté dès la Renaissance leur intérêt pour l'horticulture

▷ *Installé depuis 1974 sur 25 hectares, le parc du Montet présente plus de 10 000 plantes de toutes les régions du globe. Parcours de la connaissance, lieu de promenade, le Montet est aussi un conservatoire qui accueille plus de 700 espèces de plantes menacées de disparition.*

En même temps que l'enseignement est réorganisé, l'acquisition du jardin Iter (1807) et du terrain Bonnard (1858) permet d'étendre le jardin des plantes vers l'ouest de la ville. L'orangerie construite par Broussonet en 1804 et les serres qui s'adaptent aux nouvelles techniques de chauffage en 1811 témoignent de la vitalité du jardin.

Une promenade dans ces lieux du savoir nous fait retrouver les gloires du passé : la montagne de Richer rappelle la genèse du jardin et le nom de son fondateur ; l'orangerie de Lagardette, ornée de signes du zodiaque, reste un exemple de la conception des plantes fragiles, l'école systémique ou école botanique permet de retrouver les tracés du XVIIIe siècle. Des bustes de botanistes notables de Montpellier entourent ces lieux historiques ; les serres Planchon (1858) célèbrent un des botanistes les plus actifs de la fin du XIXe siècle, ses travaux sur le phylloxera ont permis à la viticulture française de faire face au fléau. Devant les serres Martins (1861), le jardin anglais s'organise autour du lac Nélombos, agrémenté d'arbres indigènes ou exotiques dont l'érable de Montpellier *(Acer monopessulanum)*. Dans le regain d'intérêt pour la botanique, le jardin de Montpellier retrouve sa place de patrimoine que de savantes et belles publications ont récemment remis en valeur.

avec le Parterre d'en haut et le Parterre d'en bas sur les terrains du bastion Notre-Dame, une orangerie y avait été élevée dès 1576, un siècle avant celle de Versailles ! Mais c'est le jardin botanique de la rue Sainte-Catherine qui créa l'événement en 1758. Stanislas offrait ainsi aux élèves du collège de médecine un terrain d'étude organisé par thèmes : une parcelle pour la connaissance des plantes, un carreau de plantes médicinales et un vaste potager devant les serres à quatre pans, l'ensemble étant agrémenté d'un arboretum et de bosquets de conifères. Pendant plus d'un siècle, le jardin s'enrichit régulièrement (serres en 1826, 1853, 1867, développement des parcelles botaniques en

Le nénuphar géant
d'Amazonie
(Victoria amazonia Sowerby)
est une curiosité de la serre
de végétation intertropicale.
Ses feuilles en plateau à tarte,
aux bords relevés,
le distinguent de son voisin
Euryala ferox.

1833). Il devient dans le même temps un centre de contacts et d'échanges, fréquenté par des botanistes célèbres (la publication de *La Flore de Lorraine* par l'herboriste Gallée en 1843 traduit l'intense activité autour des travaux d'hybridation des plantes encouragés ensuite par Godron, directeur à partir de 1854).

En 1864, un Nancéien compare le jardin botanique à un musée vivant « dont l'état traduit le degré de civilisation à laquelle la société est parvenue ». Les horticulteurs Lemoine, Alix, Crousse associent le jardin Sainte-Catherine à leurs obtentions ; de nouvelles variétés de fuchsias, de chrysanthèmes, de glaïeuls et de bégonias font la gloire de Nancy. Les artistes, amateurs assidus du jardin, s'inspirent de cette flore à la mode en créant un langage spécifique qui fait école : l'Art nouveau.

Le jardin a vécu ses plus belles années dans cette ambiance où botanistes, horticulteurs et artistes se côtoient. Les artistes ont-ils contribué à faire oublier la vocation première du jardin ? En fait l'intérêt s'est porté ailleurs, vers les promenades urbaines, à deux pas du jardin botanique quand les pépinières créées par Stanislas ont été ouvertes au public. Le parcours végétal hésite alors entre la vulgarisation scientifique et la déambulation hygiénique.

Le nouveau plan d'urbanisme décidé par Stanislas dégage de l'espace, la ville s'étend désormais au-delà des anciens bastions et du pré de la Butté, ancien terrain d'exercice de la Compagnie des Arquebuses. Ces espaces vides proches de la place Royale deviennent une pépinière ouverte au public. 36 000 ormes, 30 000 frênes, 10 000 tilleuls de Hollande, 10 000 charmilles, 7 000 marronniers et 4 000 noyers sont plantés pendant la seconde moitié du XVIIIe siècle, auxquels s'ajoutent les espèces rares nouvellement introduites. A partir de 1831 la pépinière cesse de pourvoir aux besoins en plantations des routes et des boulevards pour devenir un lieu de promenade géré par la municipalité. Nancy est une des premières villes à profiter d'une promenade publique d'une telle ampleur en centre-ville ; 23 hectares accueillent les promeneurs dans une ambiance de jardin public aux multiples fonctions. Un jardin zoologique, un grand bassin, un kiosque à musique Arts déco, un tracé dans le style paysager avec l'introduction d'arbres remarquables font de cette promenade une référence dans l'histoire de la promenade urbaine en France.

Comme à Nancy tout est histoire de fleurs et de botanique, la naissance d'un nouveau jardin botanique relève de l'évidence. Les flancs du plateau de Haye, dominant au sud l'agglomération nancéienne, ont été conquis pour tracer un nouveau parcours botanique à thème. Le

En page précédente et ci-dessus :
Dans les jardins publics la similarité des parcours ponctués d'architectures et de sculptures provoque la connivence des visiteurs qui s'approprient les lieux devenus familiers.

jardin du Montet est un jardin public ; il offre une promenade dans un site unique qui ravit les amoureux de panoramas dégagés sur la ville et son environnement. Le parcours se veut initiatique et pédagogique. Dans ce jardin, tout prend du sens ; la collection historique fait référence aux pratiques agricoles des premiers hommes qui ont domestiqué la nature. On apprend que nos ancêtres cultivaient le pavot aux graines riches en huile, le pois et le blé amidonnier constituaient une nourriture de base dans une société vivant de la chasse et de la

La richesse du jardin botanique de Nancy apparaît dès la Révolution avec la publication du premier catalogue des plantes et arbres ; en 1805, une importante donation de Joséphine complète les collections d'arbustes des « îles du Sud ». En 1846, les serres abritaient 4 000 espèces répertoriées et offertes à l'étude.

▽ et ▷ ***Invité en 1857 par les beaux-arts de Nancy, le peintre Delacroix fut séduit par la richesse végétale et les scènes de l'ancienne pépinière.***

Le jardin du Montet présente une collection historique d'un grand intérêt. Les plates-bandes consacrées aux espaces cultivés à partir du néolithique, la présentation des messicoles (= des moissons),
…

cueillette. Le jardin médiéval conserve certaines pratiques, mais l'espace est désormais organisé, la parcellisation du jardin nous a été transmise par des documents rares mais précis dans leurs indications. Le jardin du Montet remet en scène ces pratiques en prenant l'aspect d'un livre vivant du savoir botanique dispensé par les moines et quelques régisseurs des terres royales. Plus proche dans le temps, le jardin honore la mémoire des horticulteurs qui, au XIXe siècle, ont fait la renommée de la ville ; l'échantillonnage de lilas, deutzias, pivoines et astilbes et le jardin Emile-Gallé renvoient aux dessins floraux des artistes qui ont marqué leur époque par un style qui a fait école. Le jardin se laisse parcourir au milieu des collections écologiques, médicinales, systémiques et alpines. Et dans la grande tradition de l'introduction et de l'acclimatation des plantes exotiques, des serres mettent en scène la végétation tropicale dans un souci de protection des espèces qui honore les acteurs de ce nouveau théâtre. Nancy reste un lieu de mémoire dans le domaine botanique et horticole.

…
des listes de Charlemagne jusqu'à l'introduction des plantes américaines nous renseignent sur l'alimentation de l'homme à travers les âges.

La naissance du jardin public

Une volonté politique

« Paris ressemble à un corps malade que seule une thérapie radicale peut sauver ; canalisation des flux au moyen d'artères nouvelles, respiration à l'aide de poumons verts. » Dès son avènement en 1851, Napoléon III montre sa détermination à embellir Paris dans un souci fonctionnel et de bien-être. La volonté politique est affirmée, le pouvoir autoritaire en permet l'application, les acteurs sont très vite désignés : le préfet Haussmann, l'ingénieur Alphand, le jardinier Barillet-Deschamp. Ces trois hommes se connaissent, ils ont travaillé dans la même ville, à Bordeaux, où l'empereur avait été séduit par la mise en scène végétale lors d'un passage en 1852. Les jardins sont au cœur de la nouvelle définition du schéma d'urbanisme puisqu'on leur consacre un service spécifique, le service des Promenades et des Plantations de Paris, dirigé par Alphand. Quant à Barillet-Deschamps, après avoir terminé le travail de l'architecte Hittorff sur les Champs-Elysées sur le modèle des Quinconces de Bordeaux, il poursuit le chantier entrepris au bois de Boulogne par Varé au titre de jardinier en chef de la Ville de Paris. L'empereur a donné le ton, il s'est entouré d'hommes compétents, les villes de province adoptent cette politique de l'espace en créant ou en remodelant des jardins dans le même style paysager érigé au rang de modèle officiel. En vingt ans, la France se pare de l'image de jardins publics qu'on lui reconnaît aujourd'hui.

Au sud de Paris, le parc de Montsouris est un modèle de jardin paysager conçu sous le second Empire. Alphand a su tirer parti du relief pour créer un paysage vallonné. Trois larges pelouses plantées descendent en pente douce vers un lac ; la ligne de chemin de fer qui le traverse a été habilement dissimulée par les concepteurs.

L'idée n'est pas nouvelle, déjà en Angleterre des paysagistes comme Loudon et Repton avaient montré l'importance des espaces verts dans l'aménagement urbain. Lors de son séjour à Londres, Louis Napoléon avait goûté aux bienfaits de la répartition d'espaces de végétation livrés au public à partir de 1850 sans la moindre contrainte. A Paris, la ville a gardé sa trame urbaine médiévale, même si les travaux entrepris sous Louis-Philippe montrent une prise de conscience des problèmes de salubrité et de circulation. La création du bois de Boulogne prend des aspects de laboratoire. La nouvelle équipe transforme le lieu en un vaste parc paysager avec des allées sinueuses, deux lacs et des pièces d'eau agrémentés de grottes et de cascades, des plantations qui encadrent des points de vue et accompagnent les nombreuses fabriques réparties sur l'ensemble du territoire. Ces constructions sont l'œuvre de l'architecte Davioud qui a rejoint les acteurs officiels et qui a marqué de son style le mobilier urbain de Paris et des grandes villes de province. Dans le même esprit d'embellir la ville et de rendre les lieux pittoresques, le service des Promenades et des Plantations aménage des parcs (Monceau, Buttes-Chaumont, Montsouris, bois de Vincennes) et des squares dans tous les quartiers. Dans ses *Mémoires,* Haussmann rappelle la détermination de l'empereur : « Pendant son très long séjour en Angleterre, l'empereur a vite été frappé du contraste de la bonne tenue des squares de Londres et de l'état sordide que présentaient les bouges où

Le bois de Boulogne est la première opération confiée à Alphand. Territoire de chasse des rois de France, inscrit sur la liste civile de Napoléon III, il est devenu promenade municipale en 1852. Alphand perce des voies, crée des lacs, des rivières, une grande cascade (photo p. 51), des espaces aérés comme le Pré-Catelan (photo p. 52), plante 400 000 arbres (photo p. 53) tandis que Davioud implante pavillons rustiques, chalets pittoresques, kiosques d'inspiration orientale comme le « Kiosque de l'empereur » restauré récemment (ci-dessus).

Le parc floral est à la fois jardin, parc de loisirs et parcours de la connaissance. Les collections de plantes sont présentées dans une ambiance traditionnelle de parterres, cascades, rochers, sculptures… un décor très représentatif du savoir-faire français que les étrangers nous reconnaissent.

les familles d'ouvriers vivaient entassées... Aussi me prescrivit-il de ne manquer aucune occasion de ménager, dans tous les arrondissements de Paris, l'emplacement du plus grand nombre de squares afin de pouvoir offrir avec largesse des lieux de délassement et de récréation. »

Dans les grandes villes de province, les notables revendiquent le même désir d'embellir leur ville dans l'esprit de salubrité suivi dans la capitale. A Lyon, le préfet Vaïsse lance dès sa nomination en 1853 un vaste projet de redéfinition du tissu urbain ; comme la grande sœur concurrente, Lyon veut son bois de Boulogne, ce sera le parc de la Tête-d'Or, dessiné par un architecte-paysagiste renommé dans l'entourage de l'empereur, Denis Bühler. Une centaine de villes suivent cette démarche ; le maire, nommé à l'époque par le pouvoir, souvent homme lige de l'empereur, montre ainsi son attachement à la politique de l'espace définie officiellement. La politique de grands travaux pratiquée sous le second Empire n'a de sens que si on l'associe au désir de s'inscrire dans un vaste mouvement dicté par la capitale. La fonction sociale est assurée par la participation des ateliers de charité. Des chômeurs sont employés aux remblais des terrains à domestiquer. Ces travaux réalisés par des ouvriers inexpérimentés dans des conditions hivernales pénibles provoquent de nombreux accidents, rarement évoqués par les responsables des travaux. A Lyon, Norbert Turquin a travaillé dans ces ateliers à la Tête-d'Or, il raconte : « Il n'y a personne de maladroit comme les ouvriers de soierie pour les travaux de terrassements. En octobre 1857, plus de trois mille d'entre eux étaient occupés à ces travaux, et déjà plus de cinq cents avaient dû entrer à l'hôpital ; la plupart de ces malheureux étaient blessés ou avaient attrapé des hernies en glissant sur les plateaux couverts de vase. On les payait un franc par jour, c'est à peine s'ils gagnaient ce maigre salaire ; des terrassiers de profession auraient pu gagner trois francs » (*Mémoire et aventures d'un prolétaire à travers la Révolution*, Maspéro, Paris, 1977). A Rennes, à Béziers, les chômeurs participent au remodelage du parc dans les mêmes conditions, l'Eglise s'inquiète de cette pratique qui lui enlève une « clientèle de pauvres » à secourir.

Le jardin public est né, sa fréquentation engendre des comportements stéréotypés représentatifs de la société française. Le discours officiel privilégie l'aspect hygiénique et ludique du parc urbain ; les autres fonctions sont incluses sans provoquer de discours. Disparue, la notion de jardin particulier, nécessaire élément de salubrité et de distinction social qui ne profitait qu'à ses propriétaires ; l'intérêt général l'emporte dans une ambiance de jardin privé : les pelouses interdites incitent au respect de la propriété, un règlement strict

Les Buttes-Chaumont assurent avec leurs 25 hectares de parc paysager les besoins d'air pur et de promenades des quartiers nord de la capitale. Modelé en 1869 sur l'emplacement d'une colline dénudée, le parc est célèbre avec son relief accidenté, entre falaise et ravins, son lac romantique de 2 hectares dominé par un rocher de plus de 30 mètres de haut, surmonté d'une rotonde en pierre, reconstitution du temple Sibylle à Tivoli.

limite l'accès du domaine public à des citadins « éduqués ». A Rennes, il est interdit de courir, de sortir des allées, d'entrer dans les serres, de toucher aux plantes ; une « tenue décente et honnête » est de rigueur. On assiste avec la genèse du jardin public à la représentation de la sensibilité bourgeoise pour une nature domestiquée. Les interdits, la surveillance et le mobilier urbain de protection éduquent le public à la pratique de cette sensibilité, on impose l'admiration et le respect de la propriété qui fonde l'alliance politique de l'époque. Le jardin public, lieu de tous les publics ? Certainement, si on se soumet aux règles définies par les élites locales.

Les embellissements de Paris sous le second Empire

Dès 1852, les grandes compositions demandées par l'empereur obéissent, comme toutes les productions, à un programme « supérieur » où l'intention prime sur la réalisation, toute création devant être au service du prince. Est-ce ce principe qui explique la précipitation de l'architecte Hittorff et du paysagiste Varé à remodeler dans l'urgence 847 hectares du bois de Boulogne sans en mesurer les difficultés ? Alphand rattrape la copie en créant la cascade qui marque le dénivelé que Varé n'avait pas su traiter. Les cheminements sinueux, la présence de l'eau, l'encadrement de points de vue et les larges coulées vertes annoncent dès le début du règne le modèle officiel. Les dessinateurs de jardins suivent cette formulation du style paysager selon les conceptions définies par l'ingénieur Alphand, le jardinier Barillet-Deschamps et l'architecte Davioud.

En quelques années, le bois de Boulogne se pare d'opulentes fantaisies : on y vient à cheval, en calèche, trottiner dans les allées tracées pour assurer la mise en scène d'une société tout occupée à sa représentation. Le Pré-Catelan accueille la foule séduite par une émancipation apparente dans la nature aménagée pour répondre aux désirs de déambulation mondaine. Les concepteurs ont donné à ce parcours une liberté jamais réalisée jusqu'alors, le promeneur peut découvrir à tout moment de nouvelles scènes, la nature remodelée permet d'y confondre promenade, spectacle et plaisir. Pour répondre aux nouvelles demandes de loisirs, et dans un souci de rentabilisation, on multiplie les conces-

Sur la cinquantaine de squares conçus dans Paris, une trentaine ont été réalisés sous le second Empire ; ils restent des témoins remarquables de cette époque. Le square du Temple (IIIe arr.) est un exemple du modèle reproduit dans la capitale. Là où se dressait la tour où fut enfermée la famille royale sous la Révolution, Alphand a dessiné un jardin de quartier agrémenté du mobilier urbain de Davioud.

Le bois de Boulogne offre des spectacles variés aux scènes pittoresques où la nature sauvage est poussée jusqu'à l'extrême, comme cette cascade monumentale que les visiteurs peuvent parcourir dans tous ses recoins.

sions (jardin du Pré-Catelan, Jardin d'Acclimatation, terrains du Racing-Club, club du Tir aux Pigeons, à l'Etrier, hippodromes de Longchamp, d'Auteuil…). Le bois de Boulogne a conservé de nombreux aspects de cette diversité, même la connotation de lieu de « galanterie », source d'inspiration des chroniqueurs du XIXe siècle.

Le bois de Vincennes n'échappe pas au « mitage » provoqué par les concessions mais le décor forestier autour des lacs artificiels correspond davantage aux motivations exprimées par l'empereur, préoccupé d'hygiène et d'air pur pour les citadins. L'ambiance y est moins mondaine, l'environnement immédiat ne s'y prête pas ; le parc zoologique constitue une attraction et un repère dans ces lieux gigantesques moins organisés, plus forestiers que le bois de Boulogne.

Au cœur de la capitale, la conception entièrement nouvelle de la politique de l'espace appliquée sous l'autorité de Haussmann est marquée par les dégagements d'espaces aménagés en squares et en jardins publics ; vingt-quatre réalisations donnent à la capitale une image de parcs urbains devenue une référence. Incontestablement, les parcs des Buttes-Chaumont, Montsouris et Monceau constituent des modèles de pratique paysagère dans la ville. Les Buttes-Chaumont (1867) occupent l'emplacement d'une colline où se dressait le gibet de Montfaucon, au nord de Paris. C'est le plus

△ *et* ▷
La diversité de la fréquentation du bois de Boulogne donne tout son sens à la domestication d'un lieu qui a échappé aux agressions de la ville tentaculaire.

artificiel des parcs avec les grottes, les monticules et les escarpements mais peut-être le plus copié et le plus technique pour son relief spectaculaire. Sur 25 hectares, le parc s'organise autour d'un lac romantique dominé par un énorme rocher de 30 mètres de haut avec en son sommet une rotonde de pierre, reconstitution du temple de Sibylle à Tivoli. On a utilisé toutes les techniques dont on disposait à l'époque, des machines complexes et une voie de chemin de fer provisoire ont aidé le gros œuvre, fait de ciment et de béton armé utilisé pour la première fois dans ce genre de travaux. L'illusion est totale, rarement un parc s'est aussi bien intégré dans le quartier, la ligne de chemin de fer et les rues font partie du décor, le

◁ *Le lac Daumesnil et son temple d'Amour ; Lieu de séjour des rois de France à partir du XIVᵉ siècle, le château de Vincennes est entouré d'une forêt, territoire de chasse livré aux militaires sous le premier Empire. Napoléon III en fait don à la ville de Paris en 1861 afin de l'agencer « à la manière du bois de Boulogne ».*

Au parc Monceau, ce platane vieux de deux siècles et de 7 mètres de circonférence est un vestige des splendeurs du passé ; conçu pour le duc d'Orléans, futur Philippe Egalité, par le dessinateur Carmontelle, ce parc a été amputé de moitié en 1860 et remodelé en jardin public paysager.

jardin joue son rôle de refuge et de poumon totalement ouvert sur un quartier populaire qui s'est approprié les lieux dans l'esprit des concepteurs.

A l'ouest, le parc de Montsouris, dont les travaux ne seront achevés qu'après la chute de l'empire, complète le dispositif hygiénique des grands travaux haussmanniens. Sur cette zone de carrières et de catacombes, Alphand dessine un modèle du style paysager. Il tire parti des accidents de terrain pour créer des scènes pittoresques et encadrer une succession de points de vue qui fait de ce jardin un lieu de promenade qui pique la curiosité.

Le mobilier urbain

Le style de Davioud a marqué durablement le mobilier urbain du second Empire. Les villes françaises et même européennes s'en sont inspiré pour le mobilier et les fabriques de leurs jardins. Le génie de l'architecte est d'avoir réussi une parfaite symbiose entre le végétal et le décoratif. L'esthétique pittoresque inspire toutes ses créations de mobilier urbain – bancs, kiosques, candélabres, porte-affiches, grilles. Directement issus du répertoire végétal stylisé, les dessins annoncent les grands principes de l'école de Nancy dont le kiosque du jardin de La Pépinière est un exemple unique (p. 58 haut, gauche).

Paris, Parc Monceau.

Strasbourg, fontaine pour chiens, parc de l'Orangerie.

Paris, Parc Monceau.

Paris, Parc Monceau.

Paris,
square André-Le Gall.

Nancy,
parc de la
Pépinière.

Paris, parc Monceau.

Paris, square du Temple.

La mise en scène florale

La mosaïculture à la mode

Tous les jardins publics se ressemblent ; le fleurissement remis à la mode au milieu du XIXe siècle contribue à renforcer l'image de modèle officiel et unique qui caractérise les premières créations parisiennes. En « inventant » de nouvelles pratiques de fleurissement, on accentue l'apparence de liberté désirée, entretenue par la main de l'homme. Les jardiniers jouent avec tous les éléments fournis par la nature, pour le plaisir des yeux, pour l'agrément de la variété. La mise en scène florale devient alors une marque de bonne gestion municipale ; la présentation saisonnière des collections, le dessin des parterres et des mosaïques sont désormais une affaire de prestige. Le public veille, la bonne tenue du domaine public passe par la qualité des fleurissements dans le respect de la tradition. C'est encore une des spécificités françaises que de reconduire chaque année les modèles créés sous le second Empire. Si des villes ont abandonné la mosaïculture, c'est plus pour des problèmes de coût qu'un désir de changement.

La mosaïculture moderne est née à l'occasion des expositions universelles de la seconde moitié du XIXe siècle. Cette pratique de fleurissement maintient une tradition où seuls les motifs à dessin varient d'une ville à l'autre. (Toulouse, le Grand Rond).

Nantes, jardin des plantes.

Rouen, jardin des plantes.

Orléans, jardin des plantes.

Les corbeilles de la tradition

En adoptant le style paysager, on se satisfait des nouvelles compositions de corbeilles « de mosaïculture » déjà pratiquée par les amateurs d'horticulture, en Allemagne en particulier. Dès 1830, le prince de Pückler-Muskau, proche de Louis Napoléon avec qui il partage ses goûts paysagers, publie dans son *Traité du paysage* des dessins de parterres en forme de lettres, d'étoiles, d'éventails, de représentations d'objets du quotidien. Trente ans plus tard, le procédé est repris par les Anglais qui l'adoptent pour reproduire les armoiries de famille. Une nouvelle pratique florale héraldique est née, les villes françaises l'ont adoptée pour la représentation de leur sceau.

On attribue au jardinier Jacques Welker l'introduction des mosaïques dans les jardins publics. Ses premières créations dans la Villa Caprice intéresse la Société impériale d'horticulture de France qui la recommande à ses adhérents. Les horticulteurs sont invités par Alphand et Barillet-Deschamps à présenter leurs créations à l'Exposition universelle de 1867 ; la mosaïculture a officiellement trouvé sa place dans la pratique florale de l'époque. Les dessins présentés à Paris puis en 1869 à l'exposition de Hambourg font école et sont enseignés dans les centres de formation des jardiniers et des paysagistes. La démarche n'a pourtant pas que des adeptes. Edouard André, qui enseigne à l'école de Versailles, craint une dérive vers les « mièvreries » du genre tapisserie. Alphand hésite à vulgariser le procédé, Alfred Allard tente de ramener ses collègues à la fleur plus qu'à la composition de corbeilles : « Chaque année se mettant à la recherche du nouveau, ils sont arrivés à des mosaïques composées d'un grand nombre de petites plantes à feuillage coloré, serrées les unes contre les autres. Ce n'est pas avec des rosaces coloriées, tracées à plat comme sur une feuille de papier que l'on éclipsera la grâce, l'élégance des plantes fleuries. Je suis certain que tous les amis sincères de l'horticulture seront de mon avis. »

Quoi qu'il en soit, la mode est lancée, consacrée dans des manifestations officielles, toutes les villes suivent cette nouvelle formulation. Lyon semble particulièrement séduite par le procédé ; le superintendant du parc de la Tête-d'Or, M. Chrétien, lui donne même le nom de mosaïculture, adopté par l'Académie

L'importance accordée par les municipalités aux espaces verts a fait du service des jardins un pôle fort et autonome de l'action municipale. De l'obtention des plants à leur mise en scène, des équipes de spécialistes gèrent ainsi les saisons sous l'œil attentif des fidèles visiteurs très attachés à la bonne tenue de « leur » jardin, image vivante de la qualité de vie de la cité. Châteauroux, jardin public.

française en 1881. Depuis plus d'un siècle, nos villes rivalisent dans un savoir-faire que se sont transmis des générations de jardiniers. C'est pour beaucoup d'entre eux la voie rêvée pour passer du statut de jardinier à celui du « jardiniste moderne », de technicien horticole et de décorateur ; Albert Mauméné le note dans *La Mosaïculture moderne* : « Pour certains jardiniers, cette innovation a été le point de départ de grandes améliorations à leur profit. Ils ont dû se faire un peu décorateurs et dessinateurs, ce qui les a perfectionnés, en faisant progresser l'horticulture décorative, pour laquelle ils ont apporté leur coût et leur savoir-faire. »

La France a conservé cet art de la mosaïculture, les services des jardins font admirer la qualité du travail fourni, preuve de la compétence du personnel et valorisation du travail bien fait, « elle séduit généralement le grand public par le sentiment de la difficulté vaincue qu'elle inspire », souligne Mauméné. Les villes consacrent un budget élevé pour la réalisation de ces décorations conventionnelles ; des serres de cultures de dizaines de milliers de plantes au savoir-faire de l'architecte-décorateur et des jardiniers, c'est toute une équipe de spécialistes qui entreprend deux fois par an ce décor traditionnel élevé au rang de patrimoine.

La Tête-d'Or à Lyon.
Le fleurissement des jardins publics a évolué au début du siècle ; on a conservé la mosaïculture mais les compositions de plantes vivaces et annuelles se sont multipliées. Les agencements de corbeilles et de plates-bandes ornent les entrées des parcs, les pelouses, les carrefours ou la jonction des allées. Le choix des couleurs est de plus en plus audacieux ; on s'éloigne des préceptes donnés longtemps comme base (la loi de l'association des couleurs de Chevreul) pour opérer de subtils rapprochements adoucis par le vert émeraude des gazons.

La roseraie du jardin public

A la fin du XIXe siècle, la présence de fleurs est si recherchée que l'on crée des espaces livrés essentiellement aux roses. La première roseraie semble avoir été celle de M. Jules Gravereaux, à L'Haÿ-les-Roses. Dessinée en 1893 par Edouard André, elle devait rassembler sur une même parcelle la collection d'un des plus grands rosiéristes de son époque. Le style régulier adopté par l'illustre paysagiste a fait école puisque la plupart des roseraies sont dessinées suivant ce tracé. Les jardins publics ont suivi l'engouement de l'époque pour cette fleur connue dès l'Antiquité mais que l'Occident ne découvre qu'à la fin du Moyen Age sous l'effet des croisades. Thibaud IV, comte de Brie et de Champagne, rapporte à Provins, à son retour de croisade vers 1240, une rose gallique semi-double qui a fait souche sous le nom de rose de Provins *(Rosa gallica officinalis)*. Un peu plus tard, vers 1280, la rose de Damas est réintroduite en France, ramenée de Terre sainte par Robert de Brie. A la fin du XVIIIe siècle, l'introduction du rosier de Chine *(Rosa chinensis)* et du rosier du Bengale *(Rosier chinensis semperflorens)* remontant a permis une rénovation complète de la rose. De l'hybridation de ces deux rosiers d'Asie avec les rosiers anciens naquirent des hybrides remontants qui contribuèrent au XIXe siècle à accroître la popularité de la rose. Au début du XIXe siècle, l'introduction du rosier thé *(Rosa x odorata)* originaire de Chine, remontant, aux feuilles gracieuses et parfumées, bouleversa l'esthétique de la rose. Des croisements bien menés entre les « hybrides remontants » et les « thés », les rosiéristes français et anglais du milieu du XIXe siècle, alliant la vigueur européenne et la grâce orientale, créèrent la race presque par-

La roseraie française comporte souvent un décor d'architecture et de végétaux qui affirme son caractère et la distingue du Rosarium, *destiné aux collections botaniques et horticoles. La pergola de la roseraie de Lyon (1960) respecte cette tradition ; les pilastres en moellons, les escaliers en pierre, les salles et les sculptures donnent une image italianisante et classique moderne reproduite dans les jardins publics. A Rennes, au Thabor (photo), la roseraie du carré des nouveautés reçoit les obtentions des dix dernières années sous le regard de la sculpture* La Pensée.

faite des « hybrides de thé ». Selon les années, les obtenteurs portèrent leurs efforts sur la couleur ; l'introduction de la rose jaune *Persian Yellow* en 1837 provoqua un intérêt particulier pour la création de roses de cette couleur ; l'hybrideur français présenta à Lyon en 1898 une fleur de couleur jaune d'or orangé ombré de rouge capucine, parfumée, ancêtre des roses jaunes et orangées, toujours recherchées de nos jours. Le parfum, la résistance de la fleur, la qualité de la tige, la forme des pétales singularisent chaque obtention. On se prend à mettre en compétition les professionnels de l'hybridation ; des concours sont organisés dans les roseraies des jardins publics.

A Lyon, le parc de la Tête-d'Or a l'originalité de présenter trois roseraies dans des cadres divers ; leurs fonctions complémentaires – botanique, concours, promenade –

La roseraie de la Tête-d'Or à Lyon. Aujourd'hui pour que l'arc-en-ciel de la rose soit complet, les obtenteurs s'efforcent d'y introduire le bleu : les teintes lavande de « Simone » et « Sissi » ou les lilas « Charles de Gaulle » et « Nil bleu » en sont les prémices.

confirment la place que revendique la ville dans l'histoire de la rose ; n'est-ce pas dans le quartier de La Guillotière que Jean-Baptiste Guillot créa « La France », le premier hybride de thé, apparu en 1867 ? C'est à Vénissieux que Joseph Pernet obtint, à la fin du XIXe siècle, la première rose jaune moderne « Soleil d'or ». Quand la même famille reçut les plus hautes distinctions à l'exposition d'horticulture de Paris en 1920 pour la rose jaune « Souvenir de Claudius Pernet » (Pernetiana à floraison continuelle), c'est toute la profession d'horticulteurs lyonnais qu'on honorait. Avec la roseraie de concours dessinée par Philippe Lavenin, élève d'Edouard André, puis la création de la grande roseraie internationale en 1960, Lyon tient à son image de « berceau de la rose » défendue par la Société française des roses dont le siège est au parc de la Tête-d'Or. Chaque année le « prix de la plus belle rose de France » rappelle la place que tient cette fleur dans la tradition florale française.

Des jardins devenus patrimoine

Tous les jardins sont de mémoire

On sait qu'un des grands mérites du préfet Haussmann est d'avoir su choisir ses collaborateurs. Alphand a recueilli les fruits de la postérité concernant les créations d'espaces verts parisiens. L'ingénieur en chef puis directeur des Promenades et des Plantations a connu une carrière d'une exceptionnelle longévité qui se poursuivit au-delà du second Empire pour atteindre le début de ce siècle. Le mérite d'Alphand est d'avoir répondu aux besoins spécifiques d'une époque qui exprimait clairement des désirs d'hygiène et de délassement. Alphand a assuré sa fonction de « bras vert » du baron Haussmann en l'accompagnant dans les transformations de la capitale.

Alphand sut lui aussi s'entourer de collaborateurs de talent : le jardinier Barillet-Deschamps qu'il avait connu à Bordeaux et l'architecte Davioud dirigent une équipe au service d'un style paysager officiellement défini par l'empereur, des hommes compétents qui ont le talent de surmonter les innombrables problèmes inhérents aux travaux de voirie et de constructions d'immeubles sans jamais céder aux schémas préétablis du parc urbain paysager. L'architecte-paysagiste Edouard André les a fréquentés au début de sa carrière ; il a pu en apprécier les compétences qu'il relève dans son traité de *L'Art des jardins* publié en 1879, un livre de référence sur cette période marquée par une pratique paysagère qui a fait école : « Le genre qui tend actuellement à se substituer en France au style classique de Le Nôtre, et au style romantique de M. de Laborde, n'appartient ni à l'un ni à l'autre de ces deux formes. Il s'est créé une physionomie *sui generis,* parfaitement tranchée et qui écarte des usages reçus dans la première moitié de ce siècle. » Des créations d'Alphand et de ses collaborateurs se dégage une école d'architecture de jardins à laquelle se rattache toute une pléiade de paysagistes, horticulteurs, architectes municipaux acquis au formalisme du modèle parisien.

Aux vues restreintes, aux surprises aménagées au cours de la promenade, les concep-

teurs de nouveaux jardins publics ont substitué de vastes perspectives et de grandes échappées. Le dessin des allées, le choix et le groupement de plantations répondent mieux aux désirs du public qui se satisfait du caractère artificiel des lieux. Avec les allées au dessin en courbes et contre-courbes harmonieuses, le jardin paysager français se distingue de ses homologues étrangers. On retrouve cet esprit d'ordre et d'équilibre qui animait les jardins réguliers. Le désir de belles lignes et de formes recherchées séduit les amateurs de l'art des jardins qui aiment cette recherche de l'ordre et de la méthode dans l'irrégularité. A l'étranger, on reconnaît la qualité de cette formulation, les architectes anglais ou allemands viennent l'étudier en France, et suprême honneur, un Français,

△ *Reims, Jardin Pierre-Schneiter.*

◁ *Strasbourg, jardin de l'Orangerie.*

Lyon, parc de la Tête-d'Or.

Edouard André, est choisi sur concours pour la création de Sefton Park, à Liverpool. Olmstedt s'en est inspiré aussi quand il a dessiné Central Park à New York en 1857. Ce nouveau modèle est né sous la conduite de Barillet-Deschamps à qui il faut rendre une paternité que ses supérieurs n'ont pas toujours su transmettre dans leurs mémoires et leurs traités d'architecture des jardins.

Parmi les architectes-paysagistes contemporains de Barillet-Deschamps, les frères Bühler ont été les plus recherchés aussi bien par les propriétaires privés que par les élus locaux. On leur doit une centaine de réalisations dont de nombreux jardins publics : le parc de la Tête-d'Or, le Thabor à Rennes, le jardin Sicard et les Prébendes-d'Oé à Tours, le parc Bordelais, le jardin Planchon à Montpellier, le jardin des Poètes à Béziers, la Promenade du Champ-de-Juillet à Limoges, les jardins botaniques de Bayeux et du parc Borély à Marseille. Denis Bühler (1811-1889) et Eugène (1821-1905) ont conduit leur carrière dans une totale collaboration qui rend difficile l'attribution d'une création à l'un en particulier. Ces fils de pépiniériste de Clamart, très influents dans les milieux protestants du consistoire de la ligue d'Augsbourg à qui Denis léguera son immense fortune, ont travaillé aux côtés de Barillet-Deschamps avant d'être appelés par le préfet Vaïsse pour réaliser le parc de la Tête-d'Or. Le style des frères Bühler s'apparente à celui de leur collègue parisien bien qu'on leur reconnaisse une gestion des allées plus souples et plus spacieuses. Le raccordement entre les scènes est particulièrement soigné pour faciliter la rencontre et le repos des promeneurs. Les larges carrefours sont souvent agrémentés de bancs, de fabriques comme le kiosque ou la volière. Les frères Bühler, en pratiquant un style épuré, ont donné du sens au parcours ; le tracé favorise l'intimité avec des lieux de sociabilité et de curiosité, c'est la vocation de tout jardin public.

Barillet-Deschamps et les frères Bühler eurent une influence considérable aussi bien en France qu'à l'étranger ; le développement des jardins publics paysagers donna naissance à une pléiade d'architectes-paysagistes acquis aux formulations exprimées par ces artistes dont ils affinèrent le style en conservant les grands principes. Edouard André (Angers), Laforcade (Paris), Georges Aumont (Roubaix, Béthune, Vitré), Vacherot (expositions Paris, Bruxelles), Touret, Contat, Riousse, Deny, Beaucautin, Redont (Reims)... sont parmi les meilleurs représentants de cette école paysagère jusqu'au début du XXe siècle. Albert Mauméné, rédacteur en chef de *La Vie à la campagne*, écrivait en 1913 : « MM. Vacherot et Contat sont les fidèles continuateurs de l'école classique de Barillet-Deschamps et de Laforcade, qui se caractérise par la recherche de belles formes, par ses effets dans les lignes des allées aux courbes méthodiques et par les scènes paysagères obtenues par la disposition des plantations, le modelage harmonieux des pelouses et la mise en valeur des sujets qui concourent à l'ornementation de l'ensemble. » Le jardin public en France a permis à des artistes de s'exprimer dans un style paysager longtemps critiqué par les nostalgiques des jardins tracés au cordeau.

Angers

La passion jardinière qui habite l'Anjou depuis des siècles a engendré une image, un style, une école qui privilégie l'horticulture et la mise en scène florale. Angers a toujours entretenu cette tradition et nous a transmis des promenades de centre-ville, le Mail et un jardin des plantes devenus des modèles d'embellissement tels que les Français les aiment.

Edouard André a dessiné sur l'emplacement du jardin botanique un magnifique jardin paysager agrémenté d'une « rivière anglaise » composée d'une cascade et de deux étages reliés par un ruisseau. Les pelouses établies en cuvettes permettent de mettre en valeur les arbres remarquables et les fleurissements dans une ambiance paysagère proche des formulations de l'« école Barillet-Deschamps ».

Le Mail est né dans un contexte politique difficile pour la ville d'Angers. Alors que le royaume a retrouvé la paix, l'Anjou est secoué par les violences engendrées par les partisans du prince de Condé, conduits dans la région par le maréchal de Boisdauphin, en place à Angers. Le traité de Loudun (1616) mit fin à la fronde et c'est ainsi qu'« on fit feu de joie à Angers, on chanta le *Te Deum* et durant cette tranquillité le jeu de mail fut installé au pré d'Allemagne ». Le nom évoque la présence d'étudiants allemands à l'université d'Angers auxquels avait été attribué un terrain pour leurs ébats et leurs exercices équestres. Le Mail a conservé sa forme originelle ; devenu Promenade Jeanne-d'Arc à la fin du XVIIe siècle, il s'agrandit d'un champ de foire d'abord planté de tilleuls puis d'ormeaux comme sur le Mail ; au XIXe siècle la Promenade s'étend jusqu'au boulevard de la mairie avec la création du jardin du Mail en 1856. Le jardin prend alors les allures des jardins de la capitale : un glacier et un kiosque sont construits, des parcours en char tiré par des chèvres donnent des allures de Tuileries au jardin provincial. La puissante Société d'horticulture en fait son lieu d'études… et d'application, ce qui ne plaît pas à tous les Angevins ; le plan de nouvelles plantations de 1890 soulève des polémiques sur le choix des espèces, on rejette l'idée de tilleuls « dangereux pour la santé au moment de la floraison », les chênes d'Amérique sont à la mode mais on leur préfère les platanes plantés

La ville d'Angers a su conserver la tradition française du mail. Au cœur de la ville, cette promenade a gardé son image du siècle passé : le kiosque, les buvettes pittoresques, les mosaïques participent au décor d'une mise en scène enrichie par des plates-bandes abondamment fleuries.

d'abord en alignement puis en quinconce aux frais de M. Héraut, généreux donateur des quatre lions (1892) toujours présents aux coins du bassin. C'est l'époque où la statuomanie sévit dans les jardins publics ; le sculpteur Georges de Chamellier offre son œuvre dont la *Mère sortant du bain* charmante statuette exposée aux regards paisibles des promeneurs qui arpentent depuis des siècles cet univers unique où l'horticulture est toujours à l'honneur.

Le jardin des plantes renforce cette image en associant le plaisir de la promenade à celui de la connaissance. Né du jardin botanique transféré sur ces terrains à la Révolution, le jardin des plantes a été réaménagé en 1905 par un architecte-paysagiste renommé, Edouard André. C'est une des rares signatures de jardin public, avec Sefton Park à Liverpool, d'un artiste, auteur par ailleurs de nombreux parcs et jardins privés en France et à l'étranger. Le débat autour de l'évolution du jardin botanique pendant la seconde moitié du XIXe siècle montre la difficile cohabitation du parcours scientifique et de la déambulation mondaine. Directeur du jardin de 1838 à 1875, Alexandre Boreau ne cesse de s'opposer à la reconversion de son jardin botanique en promenade dans l'esprit du jardin public à la mode : « Le jour où la promenade publique l'emportera sur le jardin d'étude, l'établissement sera bien près de sa ruine. » L'époque est aux embellissements, aux aménagements de parcs urbains, la ville d'Angers veut suivre le mouvement. Une politique d'acquisitions de terrains accompagne le plan de restructuration du tissu urbain, en particulier le tracé d'un boulevard ouvert sur le jardin botanique qui « donnerait à ce jardin, l'un des plus riches de France, l'importance qu'il mérite et qu'il n'aura jamais tant qu'il restera masqué par les maisons et les ruelles qui l'isolent ». On tente de ménager les susceptibilités ; mais un plan dessiné par Varé en 1861 est trop provocateur puisqu'il propose la suppression du jardin public. Tout projet tient de la polémique, Angers se consacre désormais à son Mail embelli de toutes les ornementations florales à la mode. C'est en 1905 que le jardin botanique prend des allures de jardin paysager. Les serres et l'orangerie sont conservées, Edouard André dessine un parc conforme au modèle défini depuis un demi-siècle, organisé autour de la « rivière anglaise » composée d'une cascade alimentant deux plans d'eau dans la grande tradition pittoresque de l'époque.

La Promenade des Glacis à Besançon est un exemple d'aménagement des abords d'une ville fortifiée. Dessinée par le paysagiste Brice Michel en 1863 avec un raccordement à la gare, elle fut élargie lors de l'élévation du monument aux morts dans les années vingt.

Besançon

La ville de Besançon a mis la nature en scène avec le jardin botanique que prolonge le jardin des Glacis et avec les Promenades Micaud et de l'Helvétie qui accompagnent la descente du Doubs. Nous découvrons en fait une volonté, un parcours balisé, une voie initiatique dans un décor longtemps livré au génie militaire. Pas à pas se découvre une intention lucide de conquérir un site dans un esprit d'embellissement qui a régi la politique de l'espace de nos villes depuis plus de deux siècles.

A l'ouest du centre-ville, l'université de Franche-Comté et la ville ont créé un jardin botanique riche de plus de 4 000 espèces. Les collections systémiques de plein air animent un jardin facile à parcourir, bordé de serres rappelant la mission d'acclimater et de présenter des collections fragiles, les « carnivores », « épiphytes » et « succulentes » ont fait la renommée du lieu.

tanes d'Orient, chicot du Canada...) encadrent les points de vue, les allées sinueuses épousent les nivelés avec une science extrême.

Sur les bords du Doubs, la Promenade Micaud renvoie à l'image des jardins publics du XIXe siècle ; créé par l'architecte Delacroix en 1843, ce jardin se remarque par ses arbres centenaires mis en valeur sur la rive

Le jardin botanique de Besançon comprend des collections de plein air et un complexe de serres qui assurent la tradition de la présentation et la conservation des espèces.

Le jardin des Glacis avoisinant a conquis des remparts devenus des promontoires superbes sur la ville fortifiée ; l'architecte-paysagiste Brice Michel a dessiné de 1863 à 1873 un ensemble homogène liant la Promenade à la route de raccordement de la gare dans un style paysager proche des pratiques de Bühler ; la Promenade constitue une large bande de verdure élargie devant la gare lors de l'élévation du monument aux morts dans les années vingt. Les arbres remarquables (pla-

du fleuve ou au centre des pelouses (cèdre du Liban, tulipier, ginkgo biloba, hêtre pourpre, hêtre pleureur, hêtre asplenifolia...). En prolongement de ce jardin, la Promenade de l'Helvétie attire par la richesse de ses bacs ; c'est la fête des sens, la rivalité du Doubs et de la circulation se font oublier au milieu de l'abondante mise en scène qui demande à voir, à sentir, à toucher, à entendre, un programme complet pour le réveil des sens !

▷ *Le jardin des Sens qui prolonge la Promenade Micaud offre un curieux parcours botanique au cœur de la ville.*

La ville de Besançon gère le Doubs en accompagnant sa traversée avec un écrin de verdure. La Promenade Micaud est remarquable par sa richesse végétale : une soixantaine d'arbres étiquetés parmi plus de 400 sujets.

Béziers

Le jardin des Poètes de Béziers illustre la volonté des municipalités d'aménager les abords des gares sous le second Empire. L'architecte Vivier a dessiné d'après les plans de Eugène Bühler (1860) un jardin paysager sur des terrains en pente difficiles à domestiquer. La fontaine du Titan du sculpteur Injalbert construite au cœur du jardin en 1893 appartient à cette période de la troisième République éprise de sculptures monumentales.

Blois

Le jardin Victor-Hugo à Blois s'étend au pied de la façade François Ier ; les arbres centenaires comme le cèdre et le magnifique séquoiadendron proche de l'église Saint-Vincent lui donnent une note romantique. Ce jardin était à l'origine une place en contrebas de la terrasse inférieure, vestige des anciens jardins de Blois, dessinés à l'italienne par Mercoliand en 1510.

Bordeaux

A Bordeaux, l'évocation d'hommes prestigieux acquis à l'idée de promenades et de fleurissement suffit à donner à la cité son label de ville verte : Tourny y fut nommé intendant après avoir fait aménager des cours dans le Limousin ; l'empereur Napoléon III y remarqua Haussmann, l'ingénieur Alphand et son collaborateur le jardinier Barillet-Deschamps qui constituèrent l'équipe responsable des embellissements de Paris. On évoque aussi la fondation de la Société linnéenne à Bordeaux en 1818, la plus ancienne après celle de Londres. Les Bordelais rappellent volontiers l'histoire de leurs promenades publiques ; les cours et les allées plantées par l'intendant Tourny sont une référence, le jardin public décidé en 1746 est le premier jardin royal sans palais ouvert en France.

Les promenades dominicales des Bordelais avaient un parcours rituel nommé « le triangle », qui comprenait le cours de l'Intendance, les allées Tourny et le cours Georges-Clemenceau. L'itinéraire était immuable à partir du magasin Le Petit Paris, l'Intendance sur le côté gauche pour atteindre le cours du Chapeau-Rouge et le fleuve et poursuivre… L'aménagement de l'imposante place des Quinconces en 1818 apporta une variante à la promenade toujours mondaine, empreinte de représentation. Le jardin public était plus populaire, son ouverture en 1756 correspondait à une nouvelle conception de la promenade urbaine exprimée dans les jardins anglais mais encore délaissée en France. Ce jardin répondait aux désirs de créer une articulation entre la vieille ville et le faubourg marchand des Chartrons, le jardin permettant d'aérer un maillage trop serré et d'offrir à une population laborieuse des espaces d'hygiène et de détente. L'intendant Tourny appliquait une conception nouvelle un siècle avant les grands travaux d'embellissements de la capitale.

Ce jardin abandonné à la Révolution reprit vie en 1858 quand on le réaménagea en y transférant le jardin botanique de l'enclos de la Chartreuse. Le nouveau jardin abrita l'école de botanique bordelaise jusqu'au début du siècle. Il poursuit aujourd'hui sa vocation de centre d'étude de la flore régionale et des espèces exotiques, en particulier des collections d'Extrême-Orient et d'Amérique du Nord, dans une mise en scène paysagère organisée au XIXe siècle par le paysagiste Fisher. La serre-bibliothèque, vestige des serres construites en 1856 par Burguet et

Les premières collections botaniques de Bordeaux furent constituées en 1726 mais elles n'occupèrent leur emplacement actuel qu'en 1856. Malgré la destruction des grandes serres et des collections de plantes tropicales en 1930, le jardin botanique contribue à assurer la fonction didactique comme la plupart des jardins publics.

détruites en 1930, est riche d'environ 6 000 volumes et 300 000 planches qui restent le témoignage de l'accumulation d'un savoir devenu patrimoine botanique.

Bordeaux attire les paysagistes renommés : Barillet-Deschamps était « monté » à Paris, Eugène Bühler son collègue paysagiste descendit à Bordeaux en 1884 pour dessiner le parc Bordelais sur des terrains légués par Camille Godard qui désirait offrir « un jardin à ceux qui n'en n'ont pas ». Bühler dessina les plans du parc mais il n'en n'assura pas l'exécution. Sur 28 hectares, un jardin de style paysager est modelé pour offrir l'agrément de la promenade et de la vue d'arbres séculaires dont beaucoup sont arrivés à maturité.

◁ ***La révolution industrielle permet de théâtraliser le franchissement du pont devenu une architecture monumentale.***

Chamalières

Il est rare que trois villes voisines offrent chacune une promenade urbaine de grand intérêt. Le parc classique de Montjoly à Chamalières (à droite), le parc Bargoin (en bas) d'intérêt botanique à Royat et le jardin pittoresque Lecoq à Clermont-Ferrand se parcourent selon l'humeur, du désir de points de vue ou de la connaissance au charme du style paysager du siècle dernier.

Dijon

Jardin botanique, arboretum et parc, le jardin de l'Arquebuse à Dijon, qui abrite le muséum d'Histoire naturelle, est un ensemble paysager et pédagogique reconnu.

Les Dijonnais ont profité dès le XVIIe siècle de promenades plantées, peut-être plus nombreuses que dans des villes de même importance ; le cours du Parc, le cours Fleury, le bastion de Guise, les allées de la Retraite, le Beau Rempart, le rempart Tivoli. Les amateurs de promenades étaient comblés, le jardin de l'Arquebuse fut ouvert au public dès 1604. Jusqu'à la Révolution, les arquebusiers s'exercèrent au milieu des plantes et des allées, dans une mise en scène paysagère remodelée par le jardinier lyonnais Morel. Devenu domaine public et confié à la ville en 1808, la Promenade de l'Arquebuse accueille en 1833 le jardin botanique des allées de la Retraite, fondé en 1771 par Legouz de Gerland. Désormais les Dijonnais jouiront d'une promenade paysagée traversée par le Raines et d'un parcours de la connaissance savamment organisé. Le jardin des simples est dessiné dans la tradition médiévale, les quatre carrés contiennent plus de 3 500 espèces locales ou exotiques. La flore régionale est présentée dans un souci de conservation des espèces qui ajoute du sens à ce jardin, d'autant que les jardiniers participent comme beaucoup de leurs collègues en France aux échanges de graines à partir de l'*Index Semi-*

num riche de 2 500 variétés. L'agrément de la visite tient aussi à la variété des tableaux marqués par les couleurs saisonnières. L'arboretum est du plus grand intérêt ; les arbres séculaires, ginkgo biloba, populus, séquoiadendron… rappellent l'engouement de la société du XIXe siècle pour les arbres exotiques. Le platane d'Orient dressé à côté du pavillon du jardin botanique est un des plus remarquables avec ses cinq mètres de circonférence.

Dijon a traversé l'époque du second Empire sans suivre le mouvement de remodelage du tissu urbain accompagné de la création de jardin public. Pourtant l'arrivée du train en 1850 entraîne la redéfinition de la place occupée depuis 1840 par un réservoir d'eau construit par l'ingénieur Darcy. L'espace est vaste et permet d'envisager la création d'un château d'eau avec un écrin de verdure. Le projet aboutit en 1879 sous la signature de Félix Vionnois, architecte du département, qui dessine une promenade fortement marquée par l'architecture italienne et les débuts des arts décoratifs. De la terrasse, les jeux des cascades créent un effet majestueux dans un cadre séculaire bien conservé. Une centaine de feuillus (érables, platanes, tilleuls, robiniers, gleditschia…) et conifères forment un îlot de verdure qui fait du square Darcy un des lieux les plus fréquentés pendant la période estivale.

Le jardin de l'Arquebuse.

▽ Le jardin Darcy est créé en 1879 sur les plans de l'architecte Vionnois. Terrasses, balustres, jeux de cascades, rampes et nappes d'eau s'inspirent du style italien redevenu à la mode.

La politique d'embellissement de la capitale incite les élus à entreprendre des transformations dans leur ville ; à Lille, du vaste projet conçu par Barillet-Deschamps en 1865, seul le jardin Vauban est réalisé avec à sa suite des jardinets qui rattachent le jardin aux allées de l'Esplanade. Le jardin Vauban est un exemple de style paysager pratiqué sous le second Empire : une grotte artificielle avec une pièce d'eau, un « chalet de chèvres », des arbres exotiques… tous les éléments du style « officiel » sont reproduits dans un espace approprié.

Lille

« Dans un désir de satisfaire à un besoin d'hygiène et sur la sollicitation du préfet, M. le maire vous propose la création d'un jardin public dans le plan provisoire déposé sur le bureau » (délibération municipale du 19 mai 1862). La démarche du maire de Lille illustre bien l'emprise du pouvoir sur les aménagements urbains et le rôle incitatif du préfet dans la politique d'embellissement des villes. La ville est à cette époque en pleine expansion ; de vastes espaces ont été dégagés après l'extension de l'enceinte fortifiée et la rectification du cours de la Deûle. Une cité nouvelle est en train de naître avec l'absorption de plusieurs communes suburbaines. Les élus saisissent cette opportunité pour « suivre l'exemple de ses sœurs ». Lille avait un besoin de promenades, les glacis extérieurs de la vieille enceinte de Vauban et la Promenade de l'Esplanade ne suffisaient plus, d'autant qu'elles étaient impraticables en hiver. Pour domestiquer une « plaine nue

et marécageuse », on fait appel au grand maître parisien Barillet-Deschamps qui vient de travailler au plan du jardin de Saint-Brieuc. Le collaborateur de Haussmann et d'Alphand dessine trois plans, les squares Jussieu et du Réduit et le jardin Vauban. Barillet-Deschamps a l'ambition des grandes réalisations de la capitale. Son plan présente un immense parc traversé par la Deûle avec des talus adoucis, une chute d'eau déferlant à travers un massif rocheux, des îles obtenues à l'aide d'ouvrages avancés de la citadelle, et des ponts reliant les différents points dans une ambiance pittoresque. Barillet-Deschamps veut ainsi faire du jardin de Lille le plus beau parc de la province (la Tête-d'Or à Lyon vient d'ouvrir ses 105 hectares aménagés par Bühler). Mais Lille n'a pas la volonté de conduire de travaux si grandioses ; le plan de Barillet-Deschamps est respecté dans ses grandes lignes, en particulier dans l'aménagement du sud de la Deûle, mais la gestion de l'eau se limite à une rivière serpentine qui sort d'une grotte et traverse le parc.

Le jardin Vauban a conservé son aspect d'origine et constitue un bon exemple de parc paysager du second Empire. Des arbres remarquables, près de six cents arbres et quatre mille arbustes répartis sur 3,5 hectares, rappellent l'engouement de l'époque pour l'association des espèces indigènes et exotiques. Les énormes marronniers et les hêtres pourpres et pleureurs côtoient le cyprès chauve, les peupliers d'Italie, les noyers d'Amérique, les gunnères et les collections de bambous. Un petit pavillon, le « chalet des chèvres », renforce le style pittoresque recherché. Les services des jardins ont maintenu la tradition française de la mosaïculture, de nombreuses corbeilles réalisées avec des gestes séculaires agrémentent les pelouses vallonnées. Le jardin s'est enrichi d'un *fruticetum* d'arbres palissés autour d'une fontaine du XIXe siècle. Le parcours de la connaissance complète avec bonheur la promenade dans un parc devenu patrimoine.

Le jardin public sur l'esplanade de la citadelle est réalisé à la même époque dans l'esprit des embellissements encouragés par le préfet. Ce jardin « donnera de l'air, de l'ombrage sur une promenade saine et agréable à nos populations et aura l'avantage d'augmenter en outre la valeur des terrains voisins appartenant à la ville ». En aménageant une nouvelle promenade sur les glacis libérés par le génie militaire, la municipalité complète les aménagements entrepris de part et d'autre de la Deûle et reprend une grande partie de la formulation proposée par Barillet-Deschamps.

En 1947, un jardin des plantes est ouvert au sud de la ville ; Lille s'enrichit d'une roseraie, des serres de conception moderne, d'un jardin alpin dans une ambiance paysagère organisée ; les arbres sont disposés en fonction de leur origine. La promenade au jardin des plantes est volontairement marquée d'exotisme ; ce jardin public assure sa fonction de lieu de délassement et de savoir très recherché par les Lillois.

La Promenade de la citadelle Vauban à Lille date de la transformation de la ville en 1860. L'extension de l'enceinte fortifiée, la rectification du cours de la Deûle et le maintien d'une zone inférieure de servitude militaire ont dégagé des espaces aménagés en jardins et en promenades.

Limoges

▽ *Les jardins de l'ancien palais épiscopal de Limoges ont été reconstitués en 1976. L'ouverture de grandes perspectives, la création de nouveaux parterres à la française, de bassins et de mails offrent au public un cadre somptueux qui rappelle les fastes du passé.*

▷ *Situé dans un cadre historique réhabilité, le jardin botanique créé en 1956 et 1961 présente les espèces par thèmes dans un savant mélange qui en fait un lieu original par sa mise en scène, la richesse des collections et l'environnement patrimonial.*

△ *L'arrivée du chemin de fer a souvent provoqué l'aménagement de parcs aux abords des gares ; à Limoges, la gare des Bénédictins domine par son architecture monumentale le jardin du Champ-de-Juillet remodelé par Bühler en 1858.*

Lyon, le parc de la Tête-d'Or

Le bois de Boulogne est né, l'empereur en a fait une affaire personnelle. Quoi de plus logique dans ce contexte que la réaction des grandes villes provinciales ? Lyon, Bordeaux, Rennes, Marseille se dotent d'un parc urbain à l'image de la capitale. A Lyon on se reproche même de ne pas avoir réalisé un parc plus tôt, avant les travaux parisiens. Quatre projets avaient été présentés ; en 1812, à Perrache, on avait envisagé la création d'un parc en rapport avec la construction d'un palais impérial, déjà nommé palais de Roi de Rome ; 1812, une mauvaise année, la retraite de Russie… Les chemins de fer, l'usine à gaz, les abattoirs et l'armée occupèrent le site. On songe alors à créer un parc à l'île des Archevêques sur la rive gauche du Rhône, à cinq kilomètres du centre-ville ! Certains proposent le coteau de Fourvière, lieu pittoresque, plus accessible et moins soumis aux caprices du Rhône, mais la dénivellation est dissuasive.

Les travaux du bois de Boulogne s'échelonnent de 1852 à 1860, ils portent sur 842 hectares ; Lyon s'agite et le sénateur maire Vaïsse prend personnellement, dès son arrivée, les études en cours dans l'esprit qui convient à Lyon de satisfaire son image de capitale régionale ; comme la grande sœur parisienne, Lyon aura son jardin public ! Dès 1856, le préfet Vaïsse présente une demande de création de parc sur le site de la Tête-d'Or, propriété des Hospices de Lyon : « Il n'est pas besoin de longs développements pour démontrer l'utilité d'une promenade publique à Lyon. » Le préfet reprend les arguments officiels énoncés lors de la création du bois de Boulogne, hygiène, loisirs, calme… Vaïsse s'appuie sur les projets de l'architecte de la ville Crépet élaborés en 1849. Son collègue Bonnet reprend le dossier en l'adaptant à l'esprit de l'époque : « J'ai transformé les atterrissements et les broussailles de la Tête-d'Or en un bois planté à l'instar de celui

Le parc de la Tête-d'Or est une des œuvres maîtresses de Denis Bühler. Le terrain proposé comprenait, au bord du Rhône, une série de marais et d'oseraies partiellement desséchés, un bois dit de la Tête-d'Or, en partie conservé, et une ferme. Sur ce territoire hostile, Bühler a créé un des parcs les plus représentatifs de son époque.

Depuis bien longtemps, les plantes et les animaux étaient l'objet de curiosités ; la création de jardins botaniques et zoologiques fait évoluer cet intérêt en offrant un espace pour voir et décrire. Le parc de la Tête-d'Or accueille dès sa création des daims et autres animaux domestiques avant de remplir la fonction de zoo comme à Vincennes.

du bois de Boulogne à Paris avec des allées aussi larges… On disposera d'un emplacement, ce qu'est le Pré-Catelan dans le bois de Boulogne. » Le ton est donné ; Bonnet est chargé de trouver à Paris « le meilleur paysagiste », on lui présente Denis Bühler qu'il charge d'« un travail qui marque dans le monde le passage de la vie d'un artiste » (Bühler, 5 août 1856).

Sur 102 hectares de terrains hostiles (le parc s'étend aujourd'hui sur 116 hectares après l'annexion des fortifications), Bühler dessine un parc paysager devenu une référence dans l'art des jardins. Pour lutter contre le caractère amphibie des lieux, un lac de 16 hectares est creusé, les remblais servent à édifier un monticule d'où les promeneurs peuvent apercevoir les collines de Fourvière jusqu'à la construction d'un vélodrome au flan du promontoire. Le parc se compose de deux ensembles séparés par un ruisseau et une promenade ombragée. La partie au nord est centrée sur le lac dont les cheminements des abords dégagent des points de vue pittoresques remarquables. Au sud du ruisseau, le jardin est moins intime, les allées sont plus larges, elles conduisent au jardin zoologique et au jardin botanique. Les grandes pelouses parsemées de bosquets permettent la transparence et attirent un public qui goûte aux plaisirs de la pelouse autorisée.

Une des réussites de ce parc urbain est d'accueillir tous les publics. Les multiples fonctions qu'il remplit depuis sa création attirent une foule d'enfants qui côtoient les amateurs de la botanique ou les adeptes du parcours sportif. Lieu de promenade, de déambulation, de loisirs, le parc de la Tête-d'Or est-il victime de son succès ? La fréquentation dominicale marque les limites d'accueil d'un lieu qui subit les épreuves du temps et que l'on traite maintenant en objet historique ; le patrimoine paysager lyonnais entre dans une phase de sauvegarde, dans l'esprit exprimé par ses concepteurs, pour le plus grand profit de l'histoire de l'art des jardins.

◁ ***La présentation des classifications de l'école de botanique est une référence dans l'histoire de l'enseignement des sciences naturelles ; en bordure du jardin, la serre* Victoria regia *(1887) est réservée aux plantes aquatiques tropicales. Une serre voisine présente une collection reconnue de plantes carnivores.***

Le transfert du jardin botanique lors de la création du parc de la Tête-d'Or permet d'assurer la fonction didactique du jardin public. Cet espace s'est peuplé de constructions d'abord en bois puis en armature en fer comme ce pavillon modeste de serre de collections construit latéralement aux trois pavillons centraux.

Marseille

L'arrivée du chemin de fer entraîne souvent l'aménagement des abords, souvent sous l'aspect d'une promenade ou d'un jardin public ; à Limoges, Dijon, Béziers, Tours… on accueille les voyageurs avec des végétaux. A Marseille, l'histoire s'est inversée ; c'est le chemin de fer qui a détruit le jardin des plantes quand la société du Paris-Lyon-Marseille propose en 1856 à la ville un échange entre les divers terrains des Chartreux, dont le jardin des plantes, et le château Borély, situé près de l'embouchure de l'Huveaune. De cette transaction subsistent aujourd'hui quelques platanes qui bordaient l'Allée française dessinée en 1775 par Embry. Sur 35 hectares, on dessina en 1860 un parc urbain achevé quelques années plus tard avec la construction de chalet du lac. La création d'un jardin botanique fut maintes fois retardée ; en 1880, on dégagea 2 hectares sur l'ac-

Le parc Borély comprend deux grands ensembles : l'un tracé à la française, dessiné en 1775 par Embry, fait face au château aménagé en musée archéologique.

tuelle roseraie pour présenter aux Marseillais une ambiance botanique qui manquait à la ville après le déclin du jardin zoologique. Grâce à la personnalité et aux qualités scientifiques du docteur Heckel, directeur du jardin botanique, Marseille acquit la réputation de lieu d'études, d'acclimatation et de vulgarisation des plantes tropicales. Le succès du pavillon des colonies organisé par Heckel à l'Exposition universelle de 1900 consacre l'équipe organisée autour de l'idée de collections coloniales. Le chalet du lac a abrité l'institut colonial, la bibliothèque et les herbiers : après le transfert du jardin dans la propriété Fournier acquise par la ville, une roseraie fut dessinée sur les anciennes parcelles en 1923.

Marseille avait oublié ce riche passé botanique, le jardin avait souffert de l'occupation allemande et des épreuves du temps. Depuis quelques années des efforts entrepris par la collectivité et le service des jardins ont redonné vie au parcours de la connaissance. La collection d'iris est une des attractions du jardin botanique ainsi que le rappel du jardin médiéval avec le jardin des simples et les plantes aromatiques. L'ensemble du jardin Borély est remis en scène par des travaux de recalibrage de l'Huveaune réalisés dans le cadre d'une restructuration des abords du parc dans l'esprit d'embellissement du domaine public.

L'autre partie est paysagère, dessinée dans le style des jardins parisiens de Barillet-Deschamps, avec lac, cascades, faune aquatique…

Montpellier

Bühler a dessiné face à la gare de Montpellier le square Planchon à l'image des modèles parisiens ; le mobilier urbain, bien conservé, donne du sens à cet espace planté d'arbres remarquables et fleuri dans la tradition française. L'eau anime les lieux au milieu de rocailles qui feraient oublier l'environnement urbain.

Le jardin botanique de Nantes est partagé en « écoles » selon un principe retenu par son créateur, le docteur Ecorchard, directeur du jardin des plantes de 1839 à 1882. L'école de botanique tempérée (flore régionale, flore du Massif armoricain), l'école (flore ligneuse) associée à l'« école du paysage » disposée en massifs de fleurs, isolés ou en bosquets sur les gazons, les écoles de botanique tropicale dans les serres, l'école de végétations subtropicales et méditerranéennes... le jardin botanique nous offre une belle image de la biodiversité de notre planète.

Nantes

La botanique nantaise est née de la mer, le climat et l'histoire ont maintenu les traditions. Nantes est un conservatoire des jardins. On y développa la culture des *Camellia* en plein air, sous l'impulsion d'un amateur, le maire Ferdinand Favre. Avec plus de 1 000 *Taxa* entretenus par le service des espaces verts, Nantes possède la collection nationale de *Camellia*, comme celle du magnolia. Aujourd'hui, le muguet *Convallaria* fait la renommée du pays nantais en assurant plus des deux tiers de la production nationale.

Pour mettre en scène cette richesse, la ville ne manque pas d'atouts : des parcs, des boulevards et des promenades plantées, des espaces fleuris dans la tradition ; le jardin des plantes rassemble en un même lieu tous les éléments de cette richesse. Ce jardin est né dans le contexte du XIXe siècle quand la Révolution étend la notion d'utilité publique à l'enseignement. L'installation du lycée impérial, aujourd'hui lycée Clemenceau, dans les locaux de l'Ecole centrale entraîne le transfert des collections botaniques dans les terrains jouxtant le lycée, c'est la naissance du jardin des plantes. Deux hommes lui donnent sa physionomie originelle, le botaniste et apothicaire Hectot et l'architecte Ogée. La nomination en 1836 du docteur Ecorchard, professeur de botanique, donne une nouvelle vie au jardin endormi. En une trentaine d'années, le jardin se pare de tous les éléments nécessaires à l'acclimatation (serres chauffées 1844) et à la déambulation du public (monticule en 1846 - machinerie en 1860 - arbres exotiques). L'inauguration du nouveau jardin des plantes en 1860 donne raison à l'opiniâtreté du directeur et surtout assure sa consécration dans un climat de luttes d'influence inoubliables ; le botaniste James Lloyd y a laissé sa réputation, le maire Ferdinand Favre a montré son talent de médiateur !

Une visite au jardin des plantes est toujours un retour aux sources ; un regard sur le passé dans un décor entretenu comme un patrimoine. Le jardin botanique rappelle la tradition nantaise et le premier le jardin des Apothicaires créé en 1550, consacré « Jardin royal » sous Louis XV. Ce jardin a disparu sous la ville tentaculaire, mais les superbes serres, les classifications thématiques du jardin des Plantes remplissent toujours leur fonction d'acclimatation et de transmission du savoir. En contrebas de ce parcours de la connaissance, le parc paysager s'étale autour du bassin ; la présence du magnolia d'Hectot nous renvoie au souvenir du premier directeur, les arbres exotiques rappellent la tradition du XIXe siècle : le *Dyospyrus kaki* côtoie le

◁ *Produits de milieux extrêmes, plantes grasses et cactacées sont des pensionnaires particulièrement soignés au jardin des plantes de Nantes. La collection héritée d'un Nantais passionné est riche de dix mille plantes réparties en près de quatre mille espèces.*

◁ *Les Nantais sont attachés au fleurissement de leur ville, le jardin des plantes leur offre chaque année un festival de couleurs qui fidélise les visiteurs.*

Orléans, parc de la Source. Des demeures seigneuriales occupent le site depuis le XVIIIe siècle. C'est lord Bolingbroke, ex-secrétaire britannique en exil, qui, au XVIIIe siècle, fit du château et de son domaine un centre intellectuel. Un somptueux jardin à la française accompagne l'architecture classique du château ; au XIXe siècle, la propriété devient un lieu intime dans un style paysager dont il reste des arbres remarquables.

Cryptomeria japonica, le chêne-liège et le *Torreya grandis*. La circulation de l'eau accompagne le décor, c'est le caprice d'Ecorchard qui a su mettre au point une fontaine enfouie dans une « montagne » élevée à grand-peine par les ateliers de charité. Ici la variété des scènes encadrées et le parcours du labyrinthe relèvent de l'hydraulique bien comprise. L'eau ruisselle avec le langage des rivières pittoresques ; dans la vallée des Primevères, le parcours devient spectacle. Cet enchantement crée du discours, les brochures publiées par le service des espaces verts donnent du sens aux pratiques nantaises, elles complètent les visites dans l'esprit que prônait Laborde quand il écrivait en 1856 : « Avant dix ans, nous aurons dans nos promenades un musée de plein air, embelli de tous les charmes de la nature. »

Des compositions polychromes servent d'écrin à la roseraie dans la tradition de mise en scène florale de nos jardins publics qui ont adopté la « tendance classique » du fleurissement ; les productions de la nature sont soumises à des lois de réorganisation esthétique dont les mêmes modèles sont reproduits sur tout le territoire.

Orléans

Les jardins d'Orléans participent à la réputation florale et horticole du Val de Loire. Depuis deux siècles, la ville entretient avec fidélité un patrimoine paysager constitué dans la grande tradition des espaces publics. La ville a même anticipé le mouvement généralisé des jardins publics dès 1843, avec le transfert du jardin des Apothicaires qui existait depuis 1640. L'architecte Pagot dessine les plans d'un parc paysager conçu pour assurer la fonction de jardin botanique avec les serres et les orangeries, dans une ambiance de déambulation et d'exotisme. Le jardin des plantes a conservé cette vocation grâce à une gestion rigoureuse dans un esprit de conservation et de tradition. Sur 3,5 hectares le jardin offre diverses scènes qui s'inscrivent dans l'évolution de l'histoire de l'art des jardins. Les parterres réguliers tracés symétriquement aux serres permettent de mettre en valeur les collections de fleurs qui font la fierté de l'équipe de jardiniers, comme les mosaïques composées en bordure des serres qui représentent des scènes historiques de la ville d'Orléans. Le petit jardin paysager est dessiné au goût d'une époque acquise à cette formulation d'allées sinueuses et de plantations d'arbres exotiques. Il accompagne la roseraie créée en 1956, lieu du concours international de roses jusqu'en 1980. Le caractère de jardin public est renforcé par la grille XVIIe siècle qui théâtralise l'entrée et offre une belle perspective sur l'ensemble du parc. De cet endroit, la vue sur le ginkgo biloba est des plus remarquables, elle renforce l'appartenance du lieu à un passé parfaitement conservé.

Le parc Pasteur a été dessiné dans ce même esprit de collection et de mise en scène végétale. Ce sont les pépiniéristes locaux qui ont obtenu la réalisation de ce jardin, initiative rare pour être soulignée ; réunis en commission en 1927, ils décident du choix des végétaux en fonction de leurs coloris, du sol et de leur résistance aux maladies. La visite du parc devient ainsi une leçon d'histoire naturelle avec la présentation de magnifiques sujets choisis selon des critères définis : ginkgo biloba, chênes-lièges, cèdres, araucaria, noyer d'Amérique. Les mosaïques, les bustes et les statues renvoient à cette image du jardin public que les villes françaises ont façonnée pendant des décennies.

Mais la tradition horticole d'Orléans est surtout évoquée à travers les animations du parc floral de la Source. Sur le lieu de résurgence du Loiret, un parc de 35 hectares accueille les Floralies internationales qui font la renommée du savoir-faire de notre pays. Le lieu est chargé de symboles ; déjà au XVIIIe siècle lord Bolingbroke, ami de Swift et de Voltaire, avait fait du château de La Source un centre littéraire très animé que ses amis appelèrent « l'Académie de la Source ». Le domaine garda sa tradition de lieu d'accueil et d'échanges quand il fut acheté par le marquis Tristan, botaniste éminent qui suscita à Orléans les premières expositions horticoles au milieu du XIXe siècle. Le parc participa à la mutation paysagère amorcée après la Révolution ; les jardins à la française furent remodelés en parc romantique agrémenté d'arbres en vogue comme les séquoias et les cèdres du Liban, témoins présents d'une époque acquise au style paysager. Acheté en 1959 par la ville d'Orléans et le département du Loiret,

Le jardin Pasteur semble s'organiser autour de la sculpture-fontaine du bassin de la Source humaine de Félix Charpentier.

le parc est ouvert au public en 1963 dans un esprit de détente et de présentation de collections qui fait honneur à la profession horticole orléanaise. De multiples scènes à thème attirent toujours les visiteurs : le « jardin de la Source », riche en collection de fougères, le « Potager » où se côtoient des légumes anciens ou plus traditionnels. Les fleurs sont partout en éveil pour animer et porter à la connaissance d'un public amateur les nouvelles obtentions. La roseraie joue ce rôle devant la scène du miroir. La « clairière des fleurs » bordée d'annuelles riches en nouvelles variétés s'articule autour de deux événements : les fleurs saisonnières et le jardin d'iris, la nouvelle « attraction » savamment mise en scène. Car tout est prévu pour rendre acteur le visiteur des lieux ; il entre par une brèche ouverte en plein cœur du mur et alors se révèle la bousculade d'un mikado géant, espace du « jardin clos d'une fleur éphémère » dans lequel tout tient de la symbolique, mur de pisé, arbustes *semper virens*, herbes, rochers, sol pierreux participent à la révélation de ces fleurs dans le milieu aride qui leur est familier. Le concepteur a donné du sens au parcours ; le « promenoir au cœur d'un sceau » permettra-t-il de « s'emparer du secret de la nature » ?

Poitiers

▷ et ▷▷
Le jardin des plantes de Poitiers fut créé en 1890 ; jardin botanique, jardin d'agrément, il est riche de plus de 1 200 espèces d'arbres et arbustes, de plantes tropicales et de plantes de collections…

Reims

De la longue promenade tracée au début du XVIIIe siècle, on a réaménagé après l'arrivée du train un « mail » et le square Colbert dans l'esprit des promenades urbaines plantées que les Français connaissent. Le jardin de la Patte-d'Oie prolonge cette coulée verte dans une ambiance paysagère qui garde l'empreinte du célèbre paysagiste du début du siècle Edouard Redont. Sa signature est particulièrement lisible dans le jardin Pierre-Schneiter situé de l'autre côté de la voie rapide. Ce « square du jardin-école de Reims » longtemps géré par la Société d'horticulture est un modèle du genre. Les arbres centenaires qui entourent le plan d'eau (hêtres pleureurs, cyprès chauves, platanes, érables…) forment un tableau reproduit dans de nombreux jardins publics.

L'architecte-paysagiste Edouard Redont a dessiné l'ensemble des jardins de Reims. Cet artiste s'est rendu célèbre dans la période de l'entre-deux-guerres pour des créations prestigieuses à Bucarest (stadium du parc Carol), à Istanbul (station impériale des bains de mer), en Bohême, en Suisse… A Reims, E. Redont a aussi dessiné le parc du château de Mme de Polignac. Le jardin Pierre-Schneiter coupé par une voie express du jardin de la Patte-d'Oie est l'ancien jardin-école de Reims, dirigé par la Société d'horticulture. Le parcours d'eau avec grotte et cascade anime un lieu qui a conservé l'ambiance paysagère voulue par son illustre créateur.

▽ *et* ▷
Le jardin de la Patte-d'Oie est aujourd'hui isolé du jardin de la Société d'horticulture et des basses promenades. Le kiosque, une rocaille, une statuaire de cerfs en bronze doré rappellent le caractère paysager du parc devenu l'écrin d'un palais des Congrès volontairement contemporain.

▽ *La Promenade et le square Colbert constituent une longue coulée verte devant la gare ; la grille « porte de Paris » (1775) qui limite les basses promenades laisse apercevoir le square aménagé en 1898 et agrémenté d'arbres exotiques.*

Rennes

Quel jardin pourrait mieux représenter les décors des siècles passés ? Comment ne pas être sensible au jaillissement des eaux et aux arbres séculaires ? Le parc du Thabor permet de faire l'anthologie des jardins à partir des multiples tableaux composés sur 10 hectares au cœur de la ville. Ce n'est pas un hasard si le jardin atteint sa perfection dès les années qui suivent sa création. Les jardins sont l'image de la ville ; à Rennes la propriété foncière a toujours été un fondement de l'alliance politique. Le maire, M. Robinot de Saint-Cyr, nostalgique d'une époque révolue mais fidèle à l'empereur, sait conjuguer ces deux antagonismes dans le remodelage d'un jardin aux multiples facettes, autant d'illustrations de l'histoire de l'art des jardins depuis des siècles.

Le Carré Du Guesclin tracé en boulingrin a conservé sa forme originelle de Promenade de l'Evêque, avant la confiscation des biens à la Révolution et son ouverture au public. Le jardin régulier dessiné par Bühler en 1867 renvoie à l'art de Le Nôtre, modélisé par le maître du style paysager. Denis Bühler a satisfait à la demande du maire en dessinant des parterres réguliers en symétrie aux serres et aux orangeries de l'architecte J.-B. Martenot (1862). Sur les pentes du plateau qui domine la vallée de la Vilaine, l'artiste a encadré des vues avec des arbres remarquables aujourd'hui en pleine maturité. Le jardin paysager a été agrandi au début du siècle avec le jardin des Catherinettes, du nom de l'hospice implanté sur ces terres avant d'être transféré à Pontchaillou en 1899. Une grotte, une cascade et une île aménagées dans cette ancienne carrière reprennent la formulation pittoresque à la mode sous le second Empire, modélisée par Barillet-Deschamps aux Buttes-Chaumont.

Rennes est une ville universitaire ; on comprend que le jardin ait conservé la trace de l'enseignement de l'histoire naturelle. Le jardin botanique, d'abord aménagé à la Révolution sur les terrains aujourd'hui modelés en jardin régulier, côtoie la roseraie circulaire qui l'enferme dans un superbe écrin coloré. Ce

D'une surface de plus de 10 hectares, ce magnifique espace constitue l'un des plus beaux jardins publics de France. Situé au nord-est, à l'extérieur de la ville fortifiée, le Thabor a été occupé dès le début du Moyen Age par les Bénédictins, fondateurs de l'abbaye Saint-Melaine. Une partie des bâtiments devint le siège de l'évêché après l'incendie qui ravagea le centre de Rennes en 1720. A la Révolution, le passage du domaine privé au jardin public se traduit par la création d'un jardin botanique pour les travaux pratiques des étudiants de l'Ecole centrale installée dans l'ancien palais épiscopal. Jusqu'au milieu du XIXᵉ siècle, le parc est ouvert au public sans aménagement particulier. Remodelé par Denis Bühler en 1867, sous l'impulsion du maire, M. Robinot de Saint-Cyr, le Thabor a pris l'aspect que nous lui connaissons.

▷ *L'architecture d'inspiration toscane de cette imposante cité scolaire s'intègre heureusement à l'espace botanique.*

▽ *Une roseraie circulaire délimite les parterres de la présentation de l'« école de botanique », méthode systématique de De Jussieu et De Candolle, à laquelle des générations de scientifiques ont été formées.*

conservatoire des espèces est d'un grand intérêt ; la présentation des plantes est faite à partir de la classification de Jussieu-Candolle, elle reste un des rares témoignages de la pratique botanique au siècle dernier.

Fabriques, statues, bustes et corbeilles participent au décor pour animer le paysage et guider le visiteur. Il peut suivre un itinéraire aux étapes nettement définies, marquées par une succession de points de vue et d'aires de repos que les fidèles promeneurs connaissent bien. La forte fréquentation du Thabor tient de ses multiples fonctions et de son intégration dans un quartier bâti à son image. L'environnement urbain est l'expression raffinée de la nouvelle appréhension des espaces extérieurs où architecture et nature se soumettent l'une à l'autre ; les hôtels particuliers et leur jardin s'intègrent aux effets de mise en scène formulés par le jardin public. Le jardin du Thabor devient démonstration d'un accord parfait entre art et nature. Par la pureté de l'ordonnance du jardin régulier, la qualité des transitions entre les différents lieux, l'harmonie se crée d'elle-même entre le monde urbain et la nature embellie.

◁◁ Le jardin du Thabor est fleuri toute l'année ; la mosaïculture accompagne les parterres réguliers dans un univers harmonieux créé par Denis Bühler.

▽◁ Périodiquement le jardin du Thabor devient un lieu de spectacle, dans l'esprit des concepteurs du XIXe siècle.

◁ Au XIXe siècle, la réussite économique et sociale se traduit par la constitution de riches propriétés urbaines avec l'hôtel particulier entouré d'un parc paysager. A Rennes, l'industriel J.-F. Oberthür demande à Denis Bühler de dessiner un parc en écrin d'un hôtel de style néo-Renaissance. Ouvert au public en 1977, ce parc pittoresque a conservé la signature du célèbre paysagiste : des arbres remarquables, un lac romantique, des allées sinueuses, un chalet de style helvétique près des rochers et des bosquets variés.

Roubaix

À Roubaix on a su gérer le temps pour faire aboutir l'idée de jardin public. Le projet, présenté en commission municipale en 1862, permet de dégager les terrains nécessaires en 1868 pour tracer le jardin… dix ans plus tard ; des jardiniers parisiens puis l'architecte-paysagiste Georges Aumont contribuent à garantir la perfection de l'entreprise. Les travaux s'achèvent en 1905 sur les terrains de la commune de Croix. Le parc Barbieux existe dans sa complète identité depuis 1919 quand la parcelle de la commune de Croix est rattachée à Roubaix. De cette longue période est né un parc magnifique, « un des plus grands parcs urbains de France », assurent les gestionnaires, dans l'esprit de la conception paysagère en vogue sous le second Empire.

Le parc Barbieux a conquis des terres hostiles comme dans beaucoup de villes. Le projet de parc est né après l'échec d'une entreprise périlleuse qui consistait à creuser un canal reliant la Deûle à l'Escaut afin d'attirer des entreprises aux bords de l'eau. Les éléments naturels sablonneux eurent raison des plus têtus et le projet fut abandonné pour un autre canal entre Roubaix et Tourcoing. Les terrains restèrent à l'état naturel peu fréquentés à cause de leur aspect amphibie. Le vallon délaissé séduit Henri-Léon Lizot, poète et riverain, qui propose en 1863 dans sa revue littéraire *La Fauvette du Nord* ou *Le Papillon* de créer un jardin dans l'esprit des grandes réalisations de l'époque. Lille vient de projeter le remodelage des glacis, Roubaix peut bien avoir aussi un parc d'agrément. La municipalité reprend l'idée en 1866 et un plan est aussitôt tracé en collaboration avec le service des plantations de la capitale. Le « Beau jardin », le « Nouveau jardin » devient déjà la fierté des Roubaisiens. Mais c'est sans compter sur les réticences des voisins de la commune de Croix, peu disposés à livrer ses terrains aux équipes de terrassiers. Dix années de tractations suffirent ! En 1886 la première tranche est achevée ; les terrains aux abords de l'avenue Jussieu et le long de la propriété Holden sont modelés en 1902. En 1908 six cascades superposées, en rocaille, animent le cours d'eau. Le parc Barbieux prend son aspect définitif de jardin agreste et

Le parc Barbieux a été créé vers 1870 à l'emplacement du tracé d'un canal. Dessiné à partir du projet de Georges Aumont, créateur du jardin de Béthune (1876), le parc Barbieux est agrémenté d'un lac, d'arbres remarquables avec des points de vue sur le site encaissé.

pittoresque tel que l'avaient imaginé les premiers concepteurs sollicités sous le second Empire.

Le long des allées sinueuses, le promeneur est séduit par la multitude des arbres remarquables d'un intérêt botanique reconnu. Le tracé oblong du parc permet d'en faire le tour dans une ambiance paysagère ininterrompue. Côté nord-est, le *Juglans nigra* et l'*Aesculus carnea* accueillent les visiteurs alors qu'un séquoia ferme l'autre côté du parcours. Tout est mis en scène pour inciter à la promenade et faire aimer les arbres ; les gens du Nord entretiennent de fidèles relations avec le « Beau jardin hygiéniste » que les guides des jardins érigent toujours au rang de « prototype des jardins pittoresques ».

Rouen

Au XVIIe siècle, la ville de Rouen recevait chaque année un ananas doté de son fruit comme redevance de la location d'un jardin par l'académie des Belles-Lettres, Arts et Sciences ; l'évocation a valeur de symbole pour une ville qui a savamment entretenu son image botanique et horticole. Le jardin des plantes a conservé cette tradition d'accueil et de protection des plantes en péril. La mise en place de biotopes destinés à abriter les

Le premier jardin botanique de Rouen fut créé en 1735 et transféré en 1838 dans le nouveau jardin des plantes. Comme de nombreux jardins publics, il fut agrandi (10 hectares) et remodelé sous le second Empire.

espèces en voie d'extinction renforce la vocation du jardin public de conserver et de présenter l'univers botanique, en particulier la flore de Haute-Normandie. Rouen donne du sens à la promenade publique : les concepteurs ont su garder la mémoire de la tradition botanique et aménager sur un même territoire un lieu de délassement dans un cadre organisé pour le parcours de la connaissance.

un lieu officiel d'expérimentation quand il est rattaché à la nouvelle académie des Belles-Lettres, Arts et Sciences de Rouen. Ouvert au public, ce qui est rare à l'époque, ce jardin profite des amitiés entretenues avec Jussieu, directeur du Muséum de Paris, puis de l'intérêt témoigné par l'impératrice Joséphine dont les serres et le jardin s'approvisionnent avec les importations autorisées malgré le blocus

Le jardin des plantes ne contenait que trois serres avant 1862. L'engouement du public pour la connaissance botanique entraîne la construction de serres hollandaises édifiées parallèlement. La grande serre surmontée d'une horloge est d'une architecture remarquable.

La naissance du jardin botanique en 1735 renvoie au contexte d'une époque éprise de curiosité pour l'histoire naturelle. En ce siècle des Lumières, Buffon et les « cinq Jussieu » font des adeptes ; à Rouen, des médecins s'associent dans un commun désir de satisfaire leur curiosité pour l'acclimatation des plantes, le jardin botanique est né. Il devient

occidental. Rouen est riche à cette époque de plus de trois mille plantes transférées en 1844 dans le jardin Carel déjà célèbre depuis sa fondation en 1691. Ancienne propriété du banquier Law, il fut un temps le lieu de mondanités et de plaisirs de la société rouennaise, fidèle aux rendez-vous d'attractions organisés pendant les temps révolutionnaires dans l'esprit des divertissements des Tuileries, avec les feux d'artifice des Ruggieri en plus.

Le transfert des collections et la construction de serres monumentales donnent un nouvel élan au jardin botanique ; d'autant que les efforts entrepris pour une ouverture au public s'accompagnent d'un remodelage des lieux dix ans avant les créations des jardins publics du second Empire (le square Verdrel est créé à cette époque de grands travaux d'urbanisme, le jardin de l'Hôtel-de-Ville est alors agrandi et remodelé).

Les Rouennais sont restés fidèles à ce jardin savant. Sur fond d'arbres exotiques arrivés à maturité (séquoias, noyers d'Amérique, marronniers d'Inde, ginkgo biloba, *Perrotia persica*...), des corbeilles fleuries, des par-

Détail d'une serre.

terres au style régulier ou paysager offrent cette diversité de composition qui fait le charme de la promenade. Ce jardin composite qui s'étend sur près de 10 hectares a su en effet associer le passé classique et romantique où l'alternance des compositions éveille la curiosité des amateurs de plantes. La présence de petits jardins à thème offre des rendez-vous qui fidélisent les visiteurs ; on fréquente selon les saisons les collections de plantes médicinales, le jardin d'iris, la roseraie. Quant aux serres, elles nous présentent toute l'année la célèbre *Victoria regia*, au milieu des autres nymphéacées, des broméliacées, gênériacées et orchidées qui offrent un panorama saisonnier remarquable. La mise en scène de l'exotisme a fait la renommée du jardin des plantes de Rouen ; elle contribue à la diffusion de la richesse du patrimoine végétal de la France.

Strasbourg

Le jardin botanique de Strasbourg est avec le jardin de Montpellier et celui du Muséum d'histoire naturelle un des trois jardins entretenus par l'Etat, les autres étant sous la responsabilité des communes ou des associations. L'histoire retient que ce sont ces mêmes jardins qui traversèrent la tempête révolutionnaire sans perdre leur identité. Ces jardins nous ont été transmis dans leur cadre d'origine même s'il a fallu renouveler les collections, à Strasbourg en particulier. Le siège de 1870 a été cruel pour le jardin botanique ; on le transforma en cimetière *intra-muros* où furent enterrées plus de 1 600 personnes. L'inauguration du nouveau jardin en 1884 mettait en valeur la serre tropicale et plusieurs serres spécialisées qui faisaient l'orgueil du jardin botanique. Le désintérêt pour la botanique après la Seconde Guerre mondiale entraîna la destruction de serres (1963) remplacées en 1967 par le nouvel institut de botanique et la serre tropicale.

Le jardin botanique est un jardin public. On peut y accéder librement et goûter au plaisir de la connaissance de plantes étiquetées et présentées selon une classification thématique parfaitement gérée. L'école de botanique de Strasbourg présente les plantes sous la forme d'une sorte d'arbre généalogique dans lequel sont traitées la classe ou la sous-classe des

Le jardin botanique universitaire offre un parcours de la connaissance complété par un petit jardin pittoresque riche d'arbres remarquables (noyer du Caucase, ginkgos bilobas, cyprès chauves).

Le jardin de l'Orangerie a été créé en 1804, remodelé en jardin paysager en 1840 et agrandi en 1895 ; il s'organise autour de l'orangerie transformée en salle des fêtes dite pavillon Joséphine et d'un plan d'eau animé par un remarquable jet d'eau. Un zoo complète cet ensemble très animé à proximité du palais de l'Europe.

dicotylédones, des monocotylédons, des angiospermes, des magnoliidées, des ranunculidées, des hamaméldidées, des caryophyllidées, des rosidées… Le parcours savant du système étiqueté remplit sa fonction pédagogique en même temps qu'il procure le plaisir de la promenade. C'est le même esprit qui anime le jardin paysager planté à l'ouest du jardin botanique. Des arbres remarquables, souvent séculaires, constituent un arboretum organisé autour d'un plan d'eau romantique. Le public retrouve des arbres exotiques de référence tels que le noyer de Caucase, le séquoia, deux couples de ginkgo biloba, les cyprès chauves du genre taxodium… Les curieux chercheront quel est le plus grand arbre, ils le trouveront à l'est du jardin, c'est un pacanier, *Carya illinoense,* symbole du Texas. En toute saison les serres restent une attraction à l'intérêt toujours renouvelé, en particulier la serre ronde ou dodécagonale, seul témoin des constructions de 1884. Après avoir abrité le nénuphar *Victoria regia,* c'est aujourd'hui le lieu de cultures des orchidées, des plantes carnivores et des curieux psilotes. La serre tropicale et la serre froide adossées à la paroi sud-ouest de l'institut offrent dans leur modernité et leur transparence de superbes collections avec un parcours diversifié. Un tel ensemble auprès d'un centre d'enseignement renvoie à la conception des écoles centrales instituées dans chaque département en 1793 ; Strasbourg reste un des rares lieux où cette dualité est encore pratiquée.

Le jardin de l'Orangerie complète parfaitement la vocation botanique et horticole de la ville. Sur un territoire en marge du palais de l'Europe, trois siècles d'histoire strasbourgeoise se déroulent. Tout a commencé en 1681 après l'annexion de Strasbourg à la France. Une longue allée de tilleuls est tracée partant de la porte de Pêcheurs en direction de La Robertsau dont elle prend le nom et aboutissant à une vaste promenade aux allées régulières, dans le style de Le Nôtre. L'avènement du premier Empire entraîna des comportements d'allégeance souvent traduits par des aménagements monumentaux construits en l'honneur des princes (Lyon avait aussi envisagé la construction d'un palais impérial pour l'Aiglon) ; Strasbourg n'avait pas attendu cette naissance pour adopter en 1803 un plan de Boudhors, alors inspecteur général des bâtiments de la ville, qui propose d'édifier une orangerie sur un rond-point situé sur la Promenade de La Robertsau. Les projets d'environnement sont majestueux, seule une partie de l'orangerie et des abords plus sobres sont réalisés. L'orangerie accueillit aussitôt l'importante collection de cent trente-huit orangers propriété de l'Etat après la confiscation du château de Bouxwiller qui appartenait aux princes de Hesse-Darmstadt. Un incendie en octobre 1968 détruisit partiellement le pavillon Joséphine et l'ensemble des collections. Le promeneur retrouve aujourd'hui un nouveau bâtiment à fonctions multiples intégré dans un décor végétal séculaire. En effet, au début du XIXe siècle, la mode du jardin paysager entraîne la création d'un parc pittoresque aux allures orientales. Le choix des arbres correspond aux désirs d'une époque éprise d'exotisme ; l'allée des platanes d'Orient, le cyprès chauve de Louisiane, l'acajou de Chine ou le chicot du Canada sont des curiosités remarquées au milieu des beaux arbres indigènes qui profitent de terrains humides et d'une terre alluviale. Une maison typique alsacienne, vestige de l'Exposition universelle de 1900, apporte une couleur locale dans ce lieu animé par un jet d'eau impressionnant et un zoo discrètement installé en marge du jardin.

Toulouse

Toulouse aime tellement les jardins qu'on dessina au XVIIIe siècle le jardin Dubarry de la place Saint-Sernin avec des fausses montagnes en toile, des cascades peintes, des scènes décoratives dans une atmosphère d'illusion que nous racontent les textes des voyageurs d'une époque éprise de folies et d'artifices. La ville a toujours entretenu des liens étroits avec les jardins, ceux faits de plantes et de parcours naturels. On serait même tenté de la prendre pour exemple dans l'histoire de l'art des jardins ; toutes les grandes périodes de mutations de l'architecture des jardins sont représentées. Certaines sont encore lisibles, d'autres doivent être interprétées à partir des lectures de plans et d'écrits anciens. L'influence romaine est certaine dans la forme des jardins des communautés religieuses du haut Moyen Age ; la disposition des parcelles, le fleurissement et l'association des simples et des plantes aromatiques reprennent la composition pratiquée par les Romains et reproduite dans les provinces conquises (hôpital de la Grave, XIIe siècle). L'influence italienne se retrouve à la Renaissance dans les aménagements de jardins privés et même dans les jardins des couvents (les Jacobins). Le XVIIe siècle est le règne de l'équerre et du cordeau, c'est aussi l'époque où les puissants parlementaires affichent leur réussite sociale avec la construction d'hôtel particulier agrémenté d'un jardin dans le style régulier en vogue à l'époque. La mode est aux promenades urbaines ; on fait « son cours », on déambule dans des lieux de mon-

Les jardins publics de Toulouse offrent une unité de lieu remarquable : le jardin botanique est relié au jardin du Grand-Rond (photo), au jardin Royal et au jardin des plantes.

danités aménagés à cet effet ; Bordeaux a déjà ses allées, l'intendant Tourny apporte son soutien aux ambitions de son confrère Le Nain, intendant du Languedoc. Les abords *extra-muros* de la ville sont nettoyés et agrémentés de promenades, le nivellement des glacis entre les portes Montoulieu et Montgailhard annonce le jardin Royal. Dès 1751, on comble les fossés, à partir des portes Saint-Michel, et on dessine un boulingrin relié à de larges allées : les allées Saint-Etienne (François Verdier), l'allée des Zéphirs (Paul Sabatier), l'allée des Soupirs, la Grande Allée, les allées Saint-Michel (Jules Guesde).

Le jardin Royal est ouvert au public dès son achèvement en 1763. Il est le premier jardin public de Toulouse. Transformé sous le second Empire en jardin paysager, l'ensemble Jardin royal, boulingrin, Grand-Rond et jardin des plantes a gardé l'empreinte d'une époque acquise à l'ambiance pittoresque. L'Exposition universelle de 1887 entraîne le remodelage du jardin des plantes et l'aménagement d'une passerelle qui le relie au Grand-Rond et au jardin Royal, formant ainsi un complexe unique dans sa formulation. Des arbres exotiques, un lac, une butte, le mobilier urbain, tout contribue à donner à ces jardins une ambiance paysagère du siècle passé. Le parcours de la connaissance est aujourd'hui réduit malgré la présence du muséum d'histoire naturelle construit en 1865 en remplacement du « cabinet d'histoire naturelle » et du jardin botanique aménagé en 1808 dans le couvent des Carmes.

Le visiteur épris de points de vue et de panorama peut se rendre sur la plateau du Calvinet dans le jardin de l'Observatoire. Créé par Urbain Vitry en 1846, ce promontoire permet d'embrasser d'un côté la ville rouge jusqu'aux coteaux opposés et la campagne environnante. Les vestiges du jardin pittoresque agrémenté de cyprès, de pins et de chênes verts servent d'écrin à l'Observatoire dessiné dans un style égyptien original qui constitue une curiosité à redécouvrir dans ce cadre particulier.

Tours

La ville de Tours a toujours entretenu une tradition florale qui remonte au Moyen Age. « J'ai été nourri au jardin de la France, c'est Touraine », écrivait Rabelais, sans doute a-t-il connu la corporation de fleuristes qui a transmis la tradition pendant des siècles de la mode du chapeau de fleurs que l'on vendait au « carré aux chapeaux », aujourd'hui place Plumereau. A partir du XVIe siècle, la ville se pare « de la ceinture fleurie des jardins de couvent » puis des écrins de verdure des riches hôtels particuliers. Au sud de la ville, le jeu du Mail qui s'étend de la porte Saint-Eloi à la porte de la Madeleine devient le rendez-vous de la population urbaine éprise d'hygiène et de mondanité ; « bordé de deux allées ombragées d'ormeaux, il était tellement chéri du magistrat qu'il est défendu d'y passer et de s'y promener quand il a plu jusqu'à ce qu'il soit sec, à peine de dix livres d'amende aux contrevenants ». Jusqu'au milieu du XIXe siècle, la ville a vécu à l'ombre de ses promenades plantées et des propriétés construites sur le coteau. Le marché aux fleurs qui s'étend à l'ombre du mail traverse les époques et Tours participe naturellement à l'intérêt général pour les plantes exotiques en créant un jardin botanique en 1843. L'initiative du pharmacien Margueron rejoignait l'intérêt de Mgr de Conzié pour les sciences naturelles. Plus de huit cents espèces indigènes furent entretenues dans ce premier jardin botanique qui occupait l'ancien lit du ruau Sainte-Anne et l'ancien potager religieux. La création d'une école préparatoire de pharmacie et de médecine permit au jardin d'affirmer sa fonction scientifique, d'enseignement et d'expérimentation.

Le jardin a conservé le tracé dessiné en 1849. Un parc animalier et une orangerie aménagés en 1863 marquent l'évolution de la vocation du jardin botanique ouvert désormais à tous les publics. L'arboretum conçu dans un style paysager et agrémenté de fabriques caractérise la pratique du XIXe siècle pour une mise en scène pittoresque. Le parcours offert aux visiteurs est thématique : à l'est, la riche collection de plantes bulbeuses et un jardin de l'évolution végétale donnent un ton spécifique au jardin ; à l'ouest, des plantes ornementales de terre de bruyère, de tourbières, de zone humide, de rocaille sont présentées dans un décor aquatique original. La présence d'arbres exotiques plantés au XIXe siècle renforce l'intérêt de ce lieu, musée de la nature dans l'esprit de ceux qui l'ont fait naitre.

La ville de Tours est marquée aussi par l'existence de deux jardins signés Eugène Bühler : le jardin Sicard et les Prébendes-d'Oé. Le jardin Sicard, place de l'Archevêché, est d'un double intérêt par l'histoire de sa naissance et la conception paysagère qui en fait un jardin de référence dans le style paysager. Ce jardin est né en 1864 d'une souscription à l'initiative de l'évêque qui attendait depuis la destruction de l'église Saint-Etienne qu'on aménage une perspective en écrin de son palais dans l'axe de la rue de l'Archevêché aujourd'hui rue Emile-Zola. Les nombreux souscripteurs réussirent à persuader les élus de l'intérêt d'un jardin sur l'espace laissé vide et on demanda à Eugène Bühler de dessiner un jardin tout à fait dans l'esprit des squares parisiens de l'époque. L'entreprise fut laborieuse : les élus, les services techniques, l'évêque, les souscripteurs avaient des avis divergents sur l'organisation d'un territoire limité à 0,25 hectare. On se serait contenté d'un espace gazonné en écrin de l'archevêché. La personnalité de Bühler permit de conduire le projet jusqu'à son terme, même les rochers et la rivière trouvèrent la place qui leur était contestée. Le jardin Sicard, du nom du sculpteur, auteur de l'allégorie de Touraine érigée au centre du jardin et qui surmonte le monument à la gloire de trois médecins tourangeaux, Trousseau, Velpeau et Bretonneau. L'ensemble a conservé le style paysager du XIXe siècle ; des arbres remarquables (salix, picéa, aesculus, acacia, platanes...) et des parterres fleuris comme au temps de Bühler permettent d'offrir au visiteur une représentation intéressante d'un style en vogue pendant plus d'un siècle.

On retrouve la signature de l'artiste aux Prébendes-d'Oé, un parc qu'il a dessiné en 1871 sur 5 hectares autrefois traversés par le ruisseau de l'Archevêque. L'allée circulaire permet d'embrasser du regard tous les elements qui constituent le style paysager : le plan d'eau dont le centre est occupé par une

La ville de Tours voulait son jardin public, le jardin botanique répondant à d'autres fonctions exprimées avant le second Empire. Les terrains marécageux des Prébendes ont été domestiqués ; Eugène Bühler a dessiné un jardin paysager en aménageant des points de vue à l'intérieur du jardin pour mettre en valeur les arbres remarquables et la circulation de l'eau.

Le jardin Sicard sert d'écrin au palais épiscopal (musée des Beaux-Arts). Eugène Bühler a réalisé un jardin paysager dans l'esprit des squares parisiens avec tous les éléments qui constituent les effets pittoresques en vogue à cette époque : bassin, eau en cascade, arbres exotiques, allées sinueuses...

île plantée de cyprès chauves aux racines aériennes remarquables. Le tableau perçu du pont rustique est un bon exemple du travail de Bühler ; les vues encadrées, les arbres exotiques isolés, les allées sinueuses montrent l'équilibre recherché que les années ont préservé. Le kiosque, le mobilier urbain, les grilles ajoutent du sens à ce jardin public intégré dans un urbanisme caractéristique de l'environnement des parcs urbains.

Les villes d'eau participent sous le second Empire à l'élan national pour une redéfinition du plan d'urbanisme dans lequel le parc joue pleinement son rôle. Pour permettre à l'empereur de profiter de ses séjours à Vichy, on s'empresse de conquérir les bords de l'Allier et de tracer un parc de 11 hectares bordé de chalets destinés à l'empereur et à son entourage.

Vichy

Kiosque du parc des Sources.

L'Art déco dans les jardins publics

Des formes géométriques

Les jardins publics Arts déco sont rares mais des remodelages conçus pendant l'entre-deux-guerres nous ont transmis des architectures très représentatives de cette époque marquée par un style de référence. Les cascades de Sceaux et leurs mascarons de Rodin appartiennent à cette période ; l'arrondi des formes, les lignes géométriques s'intègrent parfaitement dans l'univers de Le Nôtre.

La nouvelle esthétique qui se dégage des créations des années 1920 a gagné l'art des jardins. L'Art déco donne naissance au jardin d'architecture prisé par une clientèle de propriétaires de petits terrains qui se prêtent à des tracés géométriques et à la vivacité des couleurs. Peu de jardins publics ont adopté cette formulation, l'époque n'est pas à la création des parcs urbains, le style Arts déco est trop marqué pour séduire les élus attentifs mais méfiants envers les mouvements artistiques novateurs. Pourtant quelques jardins publics créés à cette époque optent pour une composition aux formes régulières volontairement modernistes. Les jardins de Bourges et de Vierzon ont gardé la mémoire d'un mouvement qui a marqué l'entre-deux-guerres.

A Bourges, le jardin des Prés-Fichaux rompt avec la mise en scène traditionnelle. Le jardin est traité comme un parterre purement décoratif avec des jeux d'optique animés par des arcades d'ifs soigneusement entretenues. La signature de l'architecte-paysagiste local Paul Marguerite est toujours lisible et le jardin étale ses couleurs vives dans un ordonnancement qui conjugue la symétrie et la variété des formes. Les bassins aux dessins géométriques, le buffet d'eau et les parterres sont des témoins de l'architecture d'une époque en même temps qu'ils rappellent la conquête de ce territoire marécageux conquis en 1922. Tout est couleur, jamais autant d'harmonie n'a été recherchée dans la coloration ; le promeneur se retrouve dans ce jardin public car les dessins géométriques abstraits ont conservé les tracés classiques organisés de part et d'autre d'un axe médian comme le jardin à la française. Et pour les nostalgiques des spectacles en plein air, le théâtre de verdure est une pièce unique d'espace Arts déco par son mobilier et les sculptures qui l'agrémentent.

Le jardin de l'Abbaye à Vierzon est aussi séduisant. Construit de 1929 à 1924 sur l'emplacement d'anciens lavoirs municipaux, ce jardin a été dessiné par l'architecte Karcher autour d'un monument aux morts de style

Le jardin public de Vierzon devient unique en son genre. Les mosaïques et le décor en ferronnerie restent des témoins de l'architecture Arts déco des années trente.

Arts déco. Les colonnes d'ifs et de pilastres ont été conservées ; même si l'eau est difficilement gérée, les bassins de céramique offrent leur couleur bleutée dans un style caractéristique étonnamment moderniste autour d'un tel monument. Près du jardin fleuri, le kiosque-lavoir a traversé le temps et offre toujours ses façades et ses allégories des années vingt. La salle des fêtes qu'il abrite jouit d'un décor qui s'accorde avec sa fonction. La nostalgie gagne le visiteur, rarement l'évocation d'une époque révolue n'est apparue avec autant de présence. Vierzon devrait retrouver « son jardin d'eau et de lumière » immortalisé par le chef-d'œuvre de Guévrékian.

△ *Le square René-Le Gall (XIIIe arr.) est conçu dans l'esprit Arts déco qui marque l'architecture des années trente. Implanté sur le lit de la Bièvre, à l'emplacement de l'ancien square des Gobelins, ce jardin est l'œuvre de Moreux, très lié dans les années vingt à Paul Véra et Gabriel Guévrékian, créateurs de jardins cubistes qui ont marqué leur époque. L'architecte-paysagiste Moreux a dessiné lui-même le mobilier en utilisant des matériaux simples et bon marché, galets, béton, petits cailloux imitant la mosaïque… Moreux a particulièrement travaillé l'architecture de l'escalier orné de petits monuments et des mascarons de Maurice Garnie.*

La naissance du jardin du futur

Une nouvelle génération de jardins publics

La fin de notre siècle redécouvre les jardins ; des artistes, d'éminents architectes-paysagistes, des urbanistes se penchent sur l'avenir des parcs et des espaces végétaux. Dans une civilisation de plus en plus urbanisée, ces créateurs font renaître des lieux ouverts à la poésie et à la réflexion. Mais peut-on encore parler d'« espaces verts » ? L'architecture des jardins évolue ; nous assistons à une véritable révolution dans l'art de domestiquer l'espace. Comme dans les années trente, des artistes créent des espaces végétaux architecturés, résolument contemporains. Les commandes des grands groupes industriels et commerciaux pour l'aménagement de l'environnement de leur siège social ont permis à ces créateurs de s'exprimer ; mais les collectivités publiques ne sont pas restées étrangères au mouvement. Comme d'habitude, Paris a donné le ton : une période faste en grands travaux a relancé l'idée de jardin dans un esprit novateur empreint d'écologie, d'esthétisme et de recherche architecturale. Le parc Citroën, le jardin Atlantique, la Villette et même les Tuileries sont résolument tournés vers le XXIe siècle. Les espaces aménagés sont immergés dans une grammaire contemporaine propre à la nouvelle génération de paysagistes. Souvent influencés par le mouvement écologique, adeptes des formes architecturales contemporaines, ils évitent le patchwork jardinier, dont certains décideurs pourraient s'accommoder, pour présenter des projets personnels adaptés aux sites à remodeler ou à domestiquer.

L'idée de mouvement est souvent le grand thème des travaux ; Gilles Clément fait école dans cette conception du jardin ; l'eau court et jaillit, le vent agite les végétaux, la liberté règne dans les parcelles vertes, les couleurs animent les jardins sériels dans une symbolique dont il faut deviner les clés de lecture. Car c'est toute la différence avec les créations traditionnelles des jardins publics et des espaces verts. Les jardins contemporains font référence à des symboles qui favorisent une lecture analogique des choses. Le jardin Atlantique de Montparnasse décline le vocabulaire marin, la Villette est un espace interactif que Bernard Tschumi a réalisé en opposant la superposition et la confrontation architecturale : sur ses plans, les promenades végétales se heurtent sans cesse à la trame des folies, constructions repères, vibrations rouges elles-mêmes percutées parfois par des galeries tracées en axes rigides.

Mais Paris n'a pas l'exclusivité de ces créations remarquables ; depuis une dizaine d'années, les jardins contemporains se répandent sur l'ensemble du territoire, manifestant ainsi le réveil de l'art des jardins en France. Blois avec la signature de Gilles Clément, Lille avec le jardin Euralille, à Nanterre, le « jardin de l'imaginaire » dans le parc de Terrasson dessiné par la paysagiste Katryn Gustafson, le parc André-Malraux dessiné par Jacques Sgard, les nombreuses créations d'Alexandre Chemétoff à Rennes, Reims, Lyon (quartier

Les folies constituent la première trame du dispositif machiniste d'organisation de l'espace. Chacune est un point d'intensité programmé, conçu comme un processus de déconstruction. Un même cube est décomposé en élément de mouvement : rampes, escaliers, étraves...

des Minguettes), à Villejuif et Arcueil et sur la plage du Havre, les ondulations du parc des Coudrays à Saint-Quentin-en-Yvelines par Michel Corajoud, le jardin de Rochefort… autant de signes qui accompagnent la redécouverte du jardin et du paysage.

Cette réflexion récente engendre avec bonheur un lieu d'exposition et de mise en scène des nouvelles idées des créateurs de jardins ; le Conservatoire international des parcs et jardins et du paysage de Chaumont-sur-Loire contribue à la diffusion des techniques et des agencements innovants qui annoncent le jardin du futur. Chaque année, trente parcelles sont livrées à des artistes de toute origine qui dessinent un jardin éphémère original. Le lieu tient du laboratoire et du salon des innovations. Le monde végétal côtoie les matériaux contemporains parfois de manière provocante, pour le plus grand plaisir des visiteurs amateurs de jardins et des créateurs venus se ressourcer dans ce lieu unique en son genre. Dans ce conservatoire, l'art des jardins retrouve une vitalité que les autres pays nous envient.

Le parc de la Villette

L'ancien abattoir de la Villette s'est reconverti en un ensemble scientifique aux multiples facettes. Le jardin en constitue le liant avec ses vastes pelouses, ses cheminements à thème, ses folies qui se miroitent dans la Géode. Ici tout est inventé, la démarche de Bernard Tschumi conjugue deux actions complémentaires sur le bâti et sur le paysage, dans un site plat qui vient buter contre le boulevard périphérique. Il s'agissait de faire éclater la répartition du bâti et de réduire l'échelle des bâtiments existants. L'implantation d'un équipement de dimension internationale dans un quartier populaire aux portes de la banlieue est innovante en soi. Les concepteurs du projet ont inclus la volonté de provoquer le mélange, l'interaction, le « métissage des cultures ». Le parc ne peut donc pas être homogène et inclure des pratiques unitaires ; tout

Sur un espace libéré dans la partie nord-est de Paris par la fermeture des abattoirs de la Villette en 1973, Bertrand Tschumi a conçu une architecture végétale très structurée où les systèmes se superposent, reliés par des axes de circulation accentués. Le canal de l'Ourcq traverse cet espace dont l'architecture est entièrement projetée vers l'avenir.

Bercy

Au cœur d'un quartier futuriste, le parc de Bercy a conservé la mémoire de lieux autrefois occupés par des entrepôts viticoles ; un carré de vignes, des voies empavées de rails, quelques bâtiments rappellent les anciennes fonctions des terrains de Bercy. Le parc met le site fluvial en valeur avec la terrasse qui surplombe la Seine. Quatre fabriques associées aux saisons évoquent le jardin paysager dont nous retrouvons l'esprit dans l'aménagement du canal conduisant à une île romantique.

Nanterre

Les bidonvilles de Nanterre ne sont plus que des souvenirs ; sur leur emplacement, le paysagiste Jacques Sgard a dessiné un parc au cœur du quartier de la Défense. L'espace public prend ici tout son sens de lieu de rencontre, de repos et de dialogue avec la nature.

fonctionne dans la complémentarité, par exemple, à la galerie des jeux logiciels répond le complexe de « jardinage urbain ». Le parc permet d'organiser l'espace, de générer les mouvements dans une unité de lieu. Comme Beaubourg, le parc de la Villette s'érige en concept devenu une référence par sa structure ou son programme. Les espaces non bâtis ne sont pas réduits à des lieux de contemplation visuelle et esthétique. Il y a des lieux qui privilégient l'actif et la vue, formulation soutenue par le métalangage que constitue le rouge des vingt-quatre folies. L'abstraction du cube, sa ligne renvoient au vocabulaire architectural des constructions industrielles contemporaines. La promenade continue le long des jardins thématiques, les carrés de la découverte, le petit canal fonctionnent comme des éléments structuraux du schéma global.

Au gré de sa fantaisie, le promeneur peut ainsi découvrir le « jardin des miroirs » ou le « jardin des vents » ou bien le « jardin des brouillards », celui « des voltiges », espace à interpréter, à traverser, à vivre, comme autant de séquences du film la vie en ville. Car ces jardins sont des invitations au plaisir de la promenade, de la découverte d'un milieu minéral et végétal qui constitue un véritable prototype qui s'inscriront dans l'histoire de la domestication de la nature au service du public.

Blois

Le jardin des Sens à Blois joue de ses lignes volontairement contemporaines dans un contexte historique.

Sur la dalle Montparnasse, le jardin Atlantique est un espace vert original entre ciel et terre, au cœur d'immeubles qui réfléchissent la lumière azurée sur un tableau évocateur de vents et marées.

Le jardin Atlantique

Le voyageur en TGV qui rêve de l'Atlantique sait-il que des escaliers de la gare Montparnasse le conduisent vers un jardin inspiré de l'océan ? Cette salle d'attente en plein air lui ouvre les horizons marins insoupçonnés sur une dalle de 3 hectares. Les concepteurs de ce jardin – François Brun, Michel Péna et Christine Schnitzler – nous emmènent en bateau à 18 mètres au-dessus des TGV gris. Du ponton latéral, la salle des graminées subit les vents force 7 des bouches d'aération. Les « salles de verdure » butinent avec les machineries de la gare car dans ce jardin, la scénographie conjugue les éléments végétaux et les contraintes techniques. La lecture est délicate pour le voyageur pressé ; sait-il que les ran-

Le jardin Atlantique. La diversité luxuriante de plantes, d'eau et de pierre appelle un vocabulaire marin résolument symbolique.

gées d'arbres qui encadrent l'axe centré en longueur symbolisent les deux pôles opposés, l'un ombragé, l'autre ensoleillé, l'Ancien et le Nouveau Monde, séparés par l'Atlantique ; chêne d'Amérique d'un côté, chêne européen de l'autre ? Au centre de la pelouse, des jeux d'eau et des instruments météorologiques composent l'île des Hespérides. C'est depuis cette île de la mythologie grecque que les Hespérides, gardiennes du jardin des dieux, devaient défendre les pommes d'or ; au visiteur de découvrir ces clés s'il ne veut pas porter un jugement trop hâtif sur ce jardin chargé de symboles.

S'il conduit ses pas sur le bois exotique de Kapur, il goûte au soleil d'outre-mer, les 24 mètres des six mâts-sculptures de Bernard Vié l'emportent vers les mers lointaines ; au-dessus des salles vertes où évoluent le plus grand nombre des 500 arbres, des 5 000 arbustes et des 70 000 vivaces et graminées plantées sur cette île de béton. Symbole obligé de la Bretagne, un pavillon de roches en granit armoricain côtoie le pavillon de la Vague bleue réalisé en marbre bleu du Brésil. Tout est fait pour rappeler l'ambiance marine source d'inspiration des concepteurs. Les lampes originales, les murs en mosaïque de la salle des rivages, la plage de sable, la zone cailloutée et rocheuse du banc sinueux… Le jardin Atlantique porte bien son nom. Le vocabulaire résolument marin permet de décoder ce décor symbolique, une invitation à assouvir ses désirs de rivage.

Le parc Citröen

Acquis à l'idée de luxuriance et de liberté prônée dans les jardins pittoresques du XVIIIe siècle, certains architectes de jardins contemporains tentent d'aller plus loin en suggérant à partir de la friche une idée de mouvement de la nature. C'est cette idée qu'a essayé d'appliquer Gilles Clément en dessinant le jardin Citroën (1993) en collaboration avec Alain Provost et les architectes Patrick Viguier et Jean-François Jodry. Abandonnant marquises et bordures qui contraignent la nature dans le jardin régulier, le jardin en mouvement s'inscrit dans une combinaison de l'humain et de la nature. Du mouvement naît la transformation et la différence, à l'image de la société métisse dans laquelle nous vivons. Le jardin n'est pas réduit à un simple décor théâtral, le mouvement en fait un lieu de communication et d'évolution. La symbolique se découvre par le mouvement au cours de la promenade, à l'aide de quelques clés disséminées çà et là dans l'apparent désordre du lieu.

Les jardins se déploient suivant une thématique qui conduit à une lecture analogique des différents espaces. La symbolique a toujours existé mais elle était liée à une mythologie précise en rapport avec l'intérêt d'une époque pour l'Antiquité. Dans le jardin de Versailles, la référence à Zeus ou Xérès est aujourd'hui mal perçue et le jardin perd une partie de sa symbolique. Dans le pratique de Gilles Clément ; ses créations portent davantage sur le mouvement que sur la symbolique. La transformation épouse celle de la friche livrée à son climax, à son niveau maximum de végétation. C'est une manière de faire entrer l'homme dans la nature autrement qu'en le mettant à distance, différence essentielle avec le jardin pittoresque.

jardin Citroën, le système analogique conjugue avec la modernité puisqu'il se réfère aux sciences modernes à travers des données universelles comme les couleurs et l'alchimie. Chacun des jardins sériels est affecté de couleurs et de métaux ; on passe du plomb à l'or, le principe alchimique renvoie à l'acquisition de la connaissance. Ces jardins évoquent ainsi le changement qui se traduit par un mouvement, une transformation. Nous retrouvons l'idée essentielle de la

Le visiteur prend plaisir à s'installer dans la friche, évocation des champs de son enfance, de la liberté naturelle retrouvée. S'il est curieux, il voudra comprendre la démarche du concepteur et dénouer les fils symboliques qui génèrent le parc. Gilles Clément nous en livre les clés de lecture : « J'ai installé là deux principales clés de lecture : la clé de jour constituée par quatre carrés engravés dans le parterre central ; celui qui se trouve près de la Seine est l'idée de nature et

Le parc André-Citröen.
Au nord-est du parc, six jardins parallèles, séparés entre eux par un « coursier » d'eau, composent la gamme des jardins sériels. Le dessin et la composition végétale diffèrent dans chaque jardin, donnant ainsi du sens aux lieux. La couleur des végétaux est associée symboliquement à un métal : or, argent, cuivre, étain, fer et mercure. Chaque jardin est placé sous le signe des cinq sens de l'homme.

Le jardin en mouvement surprend et attire par ses friches qui libèrent de toute contrainte de parcours. Ce lieu laisse s'épanouir les fleurs et les herbes dans un espace livré à l'état de nature.

de mouvement. La troisième idée est celle d'architecture représentée par les serres, le péristyle, l'esplanade. Le dernier artifice est représenté par le jardin blanc et noir. On peut ainsi rentrer dans la problématique du jardin en mouvement et ensuite d'un point de vue métaphorique adhérer à tout ce qui fait allusion au mouvement, c'est-à-dire la transmutation des métaux qui est devenue un jardin sériel, le jardin des métamorphoses… Après il y a une autre clé de lecture à travers les couleurs qui évoquent le métal, un jardin de la semaine, une planète. Cette sensibilité se traduit par une végétation qui se rapproche souvent de cette couleur… La clé de nuit est une autre façon de le lire. Dans le parterre central, il y a quatre-vingt-deux plaques électroluminescentes destinées à fonctionner suivant un numéro. Il y a sept formules qui refont sept dessins et qui changent à minuit ; chacune de ces formules est le numéro atomique d'un des métaux cité sur l'un des côtés du parc… » Cette alliance de la connaissance ancienne et de la modernité constitue la démarche originale de Gilles Clément. Cette conception particulièrement futuriste n'empêche pas d'y trouver le repos et le plaisir de flâner dans l'esprit qui a régi les créations des jardins publics du XIXe siècle.

Le parc André-Citröen. L'eau participe à la symbolique du jardin sous toutes ses formes ; d'abord la goutte car tout commence par la pluie, la fontaine, la source, la rivière qui retourne à la mer. Le cycle de l'eau accompagne l'idée de mouvement et de métamorphose.

Inventaire des jardins publics en France

L'entreprise d'inventorier les jardins publics en France est hasardeuse. Il nous faut d'abord convenir d'une définition du jardin public qui se distingue des espaces verts et des parcs d'aventures souvent de création récente. Le jardin public répond à des critères du modèle qui l'a fait naître sous le second Empire. C'est un espace clos, délimité par une grille, une palissade ou un mur. Son accès est matérialisé par une grille monumentale, une porte ou un portail ; un règlement affiché à chaque entrée en définit les conditions d'accès, des gardiens en uniforme veillent à la sécurité dans le cadre de la stricte application du règlement. Ce jardin, propriété de la ville, est entretenu par le service des espaces verts qui a conscience de gérer un patrimoine paysager reconnu par une population qui a toujours inclus la promenade et l'intérêt pour la botanique dans ses activités citadines.

La liste que nous avons établie est le résultat de nos propres visites souvent réalisées pour des travaux universitaires et la rédaction d'une thèse sur ce sujet ; nous nous sommes référés aussi à la liste établie par Violaine Lanselle et publiée dans la revue des *Monuments historiques* (143, 1985) ; nous avons aussi consulté les inventaires des parcs et jardins publics et privés réalisés par les institutions régionales (DAU La Défense). Le *Guide des jardins de France* (Hachette, 1991), rédigé sous la direction de Michel Racine, nous a été très utile pour le repérage des jardins et leur descriptif.

Alsace
Guebwiller : Parc de la Marseillaise
Mulhouse : Parc zoologique et botanique
Strasbourg : Parc de l'Orangerie, **56, 71, 106**, parc des Contades, parc de Pourtalès, parc de la Meinau, parc de la Citadelle, jardin botanique de l'université Louis-Pasteur, **106**, jardin gothique du musée de l'Œuvre de Notre-Dame

Aquitaine
Agen : Esplanade de Gravier
Arcachon : Parc mauresque et Villa d'hiver
Bayonne : Jardin Léon-Bonnat, square Pierre-Simonet et remparts Vauban, square Léo-Pouzac
Bordeaux : Jardin public, **79, 80,** parc Bordelais, parc Floral, bois de Boulogne.
Cambo-les-Bains : Villa Arnaga
Mont-de-Marsan : Parc Jean-Rameau
Nérac : Jardin de la Garenne du château
Pau : Parc Beaumont et Promenade du Roi

Auvergne
Aurillac : Square Arsène-Vermenouze
Bourbon-l'Archambault : Parc des allées Montespan, parc thermal, parc Bignon
Chamalières : Parc de Montjoly, **56, 84,** parc Bargoin
Clermont-Ferrand : Jardin des plantes ou jardin Lecoq
Châtelguyon : Parc de la Société-des-Eaux
La Bourboule : Parc Fenestre
Le Puy : Promenade de la Borne, jardin Henri-Vinay, parc Célestin-Quincieux
Montluçon : Parc de la Louvière, jardin Wilson
Moulins : Square du Général-Leclerc
Néris-les-Bains : Parc des Arènes
Royat : Parc Bargouin, **84**
Vichy : Parc des Sources, **110,** parcs de l'Allier, parc des Célestins

Bourgogne
Autun : Jardin de la Terrasse
Auxerre : Parc de l'Arbre-Sec, arboretum Darnus-Rantheaume, square Etienne-Dolet
Châlon-sur-Saône : Promenade du bord de Saône, roseraie Saint-Nicolas
Clamecy : Parc Vauvert
Dijon : Jardin de l'Arquebuse, **82,** parc de la Colombière, jardin Darcy, **83,** square des Ducs, parc des Carrières-Bacquin, lac Kir, parc de la Combe-à-Serpent, Promenade de l'Ouche, port de Canal, parc du Drapeau, parc Carrelet-de-Loisy, parc des Argentières, parc Clemenceau
Montbard : Parc Buffon
Nevers : Jardin de l'ancienne abbaye Saint-Genest
Sens : Parc du Moulin-à-Tan, serres municipales

Bretagne
Brest : Cours d'Ajot, jardin Kennedy, jardin du Château, jardin De Gaulle
Dinan : Promenade de la Duchesse-Anne, jardin Anglais
Quintin : Jardin Roz-Maria
Quimper : Jardin de l'Evêché, mont Frugy
Rennes : Jardin du Thabor, **67, 99, 100, 101,** parc Oberthür, **101,** parcs de Maurepas, de Villeneuve, de La Touche, de Bréquigny, des Gayeulles
Saint-Brieuc : Grandes Promenades
Vannes : Jardin des Remparts, parc de la Garenne
Vitré : Jardin des plantes

Centre
Aubigny-sur-Nère : Les Grands Jardins
Blois : Jardin de l'Evêché, jardin Victor-Hugo, **78**
Bourges : Jardin de l'Archevêché et de l'Hôtel-de-Ville, jardin des Prés-Fichaux, **11**
Châteauneuf-sur-Loire : Parc public
Illiers-Combray : Pré-Catelan
Loches : Jardin public
Orléans : Parc Pasteur, **95,** parc floral d'Orléans-La-Source, **93,** jardin des plantes, **63, 94**
Pithiviers : Jardin de l'Hôtel-de-Ville, jardins de Marcereau, Chantoiseau, parc Séjourné
Richelieu : Parc de l'Ancien-Château
Saint-Marcel : Parc archéologique des Marsans
Tours : Jardin botanique, Les Prébendes-d'Oé, **109,** jardin François-Sicard, **109,** jardin du Musée, jardin de la Préfecture
Vendôme : Jardin du Lycée-Ronsard
Vierzon : Jardin de l'Abbaye, **112**

Champagne-Ardenne
Châlons-en-Champagne : Le Jard
Châteauvillain : Parc aux Daims
Chaumont : Square Philippe-Lebon, square Boulingrin
Epernay : Parc de l'Hôtel-de-Ville, parc de l'Horticulture
Langres : Promenade de Blanche-Fontaine
Reims : Jardin de la Patte-d'Oie, **12, 71, 98,** jardin Pierre-Schneiter, **97,** square Colbert, **98**
Saint-Dizier : Promenade du Jard
Verzy : Forêt domaniale du Faux-Verzy

Franche-Comté
Arc-le-Gray : Parc Lamunière
Belfort : Roseraie, jardin du Souvenir, jardins des Ecoles, square Lechten
Besançon : Square archéologique Castan, Promenade Micaud, **77, 77,** Promenade de Granvelle, jardin des Glacis, jardin de l'Helvétie, jardin botanique de la Ville et de l'Université, **76**
Dole : Cours Saint-Mauris
Vesoul : Jardin Anglais, Promenade des Allées, places de la République et du Champ-de-Foire

Ile-de-France
Aulnay-sous-Bois : Parc Robert-Ballanger, roseraie municipale
Boulogne-Billancourt : Jardin Albert-Kahn
Choisy-le-Roi : Jardin public
Colombes : Parc de l'Ile-Marante
Coulommiers : Parc des Capucins
Ermenonville : Parc Jean-Jacques-Rousseau
Ivry-sur-Seine : Square de l'Insurrection, square des Alliés, square Jules-Coutant, espace vert Monmousseau, square des Acacias, square Maurice-Thorez, escalier de la Butte
Issy-les-Moulineaux : L'île Saint-Germain
La Défense : Parc de La Défense, **118**
La Courneuve-Dugny-Stains : Parc départemental de La Courneuve
L'Haÿ-les-Roses : Roseraie départementale et parc
Le Plessis-Robinson : Parc Henri-Sellier, parc de l'Etang-Colbert
Le Plessis-Robinson et Châtenay-Malabry : Parc de la Vallée-aux-Loups
L'Isle-Adam : Jardin du pavillon de Cassan
Meaux : Jardin Bossuet
Meudon : Domaine royal
Montfermeil-Clichy-sous-Bois-Coubron : Parc de la forêt de Bondy, parc départemental de Romainville, parc départemental de l'Ile-Saint-Denis, parc départemental de la Bergère, parc départemental Jean-Moulin, parc départemental du Sausset, parc départemental de Sevran-Villepinte, parc départemental de Clichy-sous-Bois, Promenade de la Dhuys.
Montmorency : Parc de l'Hôtel-de-Ville
Nanterre : Parc André-Malraux
Poissy : Parc de la Charmille, parc Meissonier
Saint-Denis : Parc de la Légion-d'Honneur
Saint-Germain-en-Laye : Musée du Prieuré, **31**
Saint-Rémy-lès-Chevreuse : Jardin des Bronzes
Sceaux et Antony : Parc de Sceaux, **30, 112**
Sevran : Parc de la Poudrerie
Suresnes : Parc du Mont-Valérien
Versailles : Parc Balbi, **29,** parc du Château, **27, 28, 29**
Yerres : Parc Caillebotte

Paris
Ier arr. : Les Halles, square du Vert-Galant, jardin du Palais-Royal, **23,** jardin des Tuileries, **24, 26**
IIe arr. : Square Louvois
IIIe arr. : Square du Temple, **50, 58,** squares Léopold-Achille et Georges-Cain
IVe arr. : Square Jean-XXIII, parvis de Notre-Dame, square de l'Ile-de-France, place des Vosges, square Albert-Schweitzer, jardin de l'Hôtel-de-Ville, jardin de l'Hôtel-de-Sens
V^e arr. : Arènes de Lutèce, jardin Tino-Rossi, square René-Viviani, square Paul-Painlevé, Jardin des Plantes, **32, 33, 34**
VIe arr. : Champ-de-Mars, esplanade des Invalides, jardin de l'Intendant, square Boucicaut, jardin du Luxembourg, **11, 22, 23**
VIIe arr. : Jardin des Champs-Elysées, parc Monceau, **21, 55, 57,** square Louis-XVI, square Marcel-Pagnol, jardin japonais de l'Unesco
IXe arr. : Square Montholon, square d'Anvers, square de la Trinité
XIe arr. : Square de la Roquette, square Maurice-Gardette
XIIe arr. : Jardin de l'Arsenal, square Trousseau, bois de Vincennes, **48, 54**
XIIIe arr. : square de l'Avenue-de-Choisy, parc Kellermann, square René-Le Gall, **57, 114**
XIVe arr. : Parc Montsouris, **46, 51, 52, 53**

XVe arr. : Parc Georges-Brassens, square Saint-Lambert
XVIe arr. : Bois de Boulogne, parc de Bagatelle, parc du Ranelagh, jardin des serres d'Auteuil, jardin du Trocadéro
XVIIe arr. : Square de Batignolles, square des Epinettes
XVIIIe arr. : Square Willette
XIXe arr. : Parc des Buttes-Chaumont, **49**, parc de la Villette
XXe arr. : Jardin de Belleville, cimetière du Père-Lachaise

Languedoc-Roussillon

Anduze : Parc des Cordeliers
Beaucaire : Parc du Château
Béziers : Parc de la Gayonne, parc de la Gare-du-Nord, jardin des Poètes, **78**
Carcassonne : Square Gambetta
Le Vigan : Promenade des Châtaigniers
Mauguio : Jardin de la Motte
Montpellier : Parc du Centre-Sully, Champ-de-Mars, **16**, square Planchon, esplanade, place royale du Peyrou, **17**, jardin des plantes, **36, 37, 90**, parc zoologique Henri-de-Lunaret, parc des Pastourelles, parc Tastevin, parc du Dom-de-Bagatelle, parc de la Guirlande
Nîmes : Jardin de la Fontaine, **18, 19**
Narbonne : Jardin des Martyrs-de-la-Résistance, jardin de la Maison-Vigneronne, jardin des Archevêques, jardin du Palais-du-Travail, square Thérèse-Léon-Blum
Perpignan : Square Bir-Hakeim, jardin Terrus, parc de la Pépinière, jardin de la Miranda, jardin des Remparts, jardin-rue du Fort-Saint-Elme, parc de la Digue-d'Orry
Roquebrun : Jardin méditerranéen
Saint-Guilhem-le-Désert : Jardin de l'Abbaye
Saint-Jean-de-Védas : Jardin du Château
Toulouges : Parc de Clairfont

Limousin

Guéret : Jardin public
Limoges : Jardin de l'Evêché, **86**, jardin botanique, **86**, jardin d'Orsay, jardin du Champ-de-Juillet, **85**, jardin du Moulin-Pinard, parc Victor-Thuillat, roseraie municipale
Tulle : Forêt de Bourbacon, parc de la Mairie, ancienne promenade publique
Ussel : Square Georges-Pompidou

Lorraine

Bar-le-Duc : Jardin de l'Hôtel-de-Ville, jardin du Musée-Château
Epinal : Jardin du Château
Ligny-en-Barrois : Parc municipal
Lunéville : Les Bosquets
Metz : Jardin botanique de Montigny-les-Metz, le jardin des Régates, Esplanade, jardin des Tanneurs
Nancy : Cours Léopold, parc Sainte-Marie, parc Blondot, jardin botanique, la Pépinière, **59**, jardin botanique du Montet (en Villers-les-Nancy, **39, 40, 41, 42, 43, 44**
Revigny-sur-Ornain : Parc des Promenades
Sarrebourg : Jardin de la Liberté

Midi-Pyrénées

Albi : Jardin de l'Evêché, parc de Rochegude, jardin National, jardin de la Berbie
Argelès-Gazost : Parc thermal
Bagnères-de-Bigorre : Parc du Géruzet, jardin des Vignaux, parc du Casino, vallon du Salut, jardins et terrasses des Thermes
Barbotan-les-Thermes : Parc thermal
Capvern : Jardin thermal
Castres : Jardin de l'Evêché, jardin du Mail
Cauterêts : Jardin thermal
Fleurance : Jardin public
Gaillac : Parc d'Hutaud, parc de Foucaud
Lavaur : Jardin de l'Evêché
Mirande : Allées Charles-de-Gaulle
Montauban : Jardin des plantes, roseraie, cours Foucault
Saint-Sauveur : Jardin thermal
Tarbes : Jardin Massey
Toulouse : Jardins de Compans-Caffarelli, jardin de l'Observatoire, jardin des plantes, **107, 108**, jardin Royal, parc de la Reynerie

Nord-Pas-de-Calais

Arras : Jardin Minelle, jardin Saint-Vaast, jardin des Allées ou jardin du Gouverneur
Béthune : Jardin public
Calais : Parc Saint-Pierre, jardin de l'Hôtel-de-Ville
Douai : Parc Bertin
Dunkerque : Jardin des Sculptures
Hellemmes-Lille : Parc de la Mairie
Le Cateau : Parc Fénelon
Lille : jardin Vauban, **84**, jardin des plantes, citadelle, **85**, et bois de Boulogne
Quievrechain : Parc de l'Aunelle
Rosendaël-Dunkerque : Parc Coquelle
Roubaix : Parc Barbieux, **102**
Saint-Omer : Jardin public

Basse-Normandie

Avranches : Jardin des plantes
Alençon : Parc des Promenades
Bagnoles-de-l'Orne : Jardin du Casino
Bayeux : Jardin botanique
Caen : Jardin botanique
Cherbourg : Parc Emmanuel-Liais, jardin public, jardin du château de Tourlaville
Coutances : Jardin des plantes
Deauville : Jardin Calouste-Gulbenkian
Domfront : Parc du Château
Flers : Jardin du Château
Granville : Jardin Christian-Dior
Honfleur : Jardin public
Lisieux : Jardin public
Tessé-la-Madeleine : Jardin du château de La Roche-Bagnoles

Haute-Normandie

Barentin : Square Franklin-Roosevelt
Bolbec : Jardin public de l'Hôtel-de-Ville
Eu : Parc du château d'Eu
Evreux : Jardin public, Promenade du Château-de-Navarre, jardin de l'Hôtel-de-Ville
Fécamp : Jardin du Centre-des-Arts, parc de Coubertin
Harcourt : Arboretum et parc
Les Andelys : Jardin de l'église Notre-Dame, jardin du musée municipal Nicolas-Poussin, jardin public, parc du château des Alcools
Louviers : Square de la place du Champ-de-Ville, jardin public
Rouen : Jardin des plantes, **58, 64, 103, 104, 105**, jardin de l'Hôtel-de-Ville, square Verdrel

Pays de la Loire

Angers : Jardin des Beaux-Arts, le Mail, jardin des plantes, **73**, jardin Saint-Jean, parc de la Garenne, château du Roi-René
Bessé-sur-Braye : Jardin du château de Courtanvaux
Château-Gontier : Promenade du Bout-du-Monde
Chemillé : Jardin de plantes médicinales
Doué-la-Fontaine : Jardin des Roses
Laval : La Perrine
Le Mans : Jardin des plantes
Luçon : Jardin Dumaine
Maulévrier : Parc du château des Colbert
Nantes : Parc de la Beaujoire, parc de la Chantrerie, parc de la Gaudinière, patc du Grand-Blottereau, jardin japonais de l'île de Versailles, jardin des plantes, **60, 92, 93**, parc de Procé, jardin des Sens

Picardie

Abbeville : Jardin d'Emonville
Amiens : Parc de la Hotoie, square René-Goblet, étang Saint-Pierre, parc du château de Montières, jardin des plantes, parc de l'Evêché, square Jean-Rostand, cimetière de la Madeleine
Château-Thierry : Promenade du Château
Guise : Jardin Godin
Laon : Les Promenades, les Grimpettes, parc de Semilly
Senlis : Jardin du Château

Poitou-Charentes

Angoulême : Jardin Vert, parc de loisirs de Fregeneuil, square Guelendjik
Cognac : Jardin public de l'Hôtel-de-Ville
La Rochelle : Parc Charruyer, jardin des plantes, square des Terrains-Sourciaux
Poitiers : Jardin des plantes, **96**, parc floral de la Roseraie, parc de Blossac
Rochefort : Jardin des Retours

Provence-Côte d'Azur

Aix-en-Provence : Parc Rambot, parc Jourdan, parc Vendôme, parc Saint-Mitre, monument Joseph-Sec, **15, 16**
Antibes : Jardin de Sculptures et de Parfums
Arles : Promenade des Alyscamps
Avignon : Square agricole Perdiguier, jardin Benoît-XII-verger Urbain-V, jardin des Doms
Eze : Jardin exotique municipal
Forcalquier : Couvent des Cordeliers, cimetière
Gap : Parc et jardin de Charance
Hyères : Parc Saint-Bernard, jardin de la Villa Noailles
La Ciotat : Parc du Mugel
Marseille : Parc Borély, **90**, et jardin botanique, jardin Emile-Duclos, jardin la Magalone, parc balnéaire du Prado, jardin de la Villa Valmer, jardin des Vestiges
Menton : Parc du palais Carnolès
Nice : Jardin du monastère de Cimiez et parc des Arènes
Orange : Colline Saint-Europe
Sérignan-du-Comtat : Jardin de l'Harmas
Toulon : Jardin d'acclimatation, jardin public
Tourves : Parc de Valbelle
Vaison-la-Romaine : Jardin des Fouilles-de-Puymin
Villecroze : Parc municipal

Rhônes-Alpes

Annecy : Jardin de l'Europe
Belley : Jardin Jean-Paul-Camus
Chambéry : Jardin du Musée savoisien, parc de Verney, parc des Charmettes, esplanade du Château
Grenoble : Jardin des plantes
Le Bourget-du-Lac : Jardin du Prieuré
Lyon : Parc de la Tête-d'Or, **65, 68, 72, 87, 88**, jardin archéologique, jardin du palais Saint-Pierre
Montélimar : Jardin public
Nyons : Jardin botanique
Samoens : Jardin alpin La Jaysinia
Thonon-les-Bains : Arboretum du domaine, jardin de Saint-Bon
Valence : Parc Jouvet, parc des loisirs du Polygone, parc Benjamin-Delessert, parc Saint-Ruy, parc de Valensolles

Les numéros en gras renvoient à la page illustrant un jardin.

ISBN 2 7373 2206 5 - Dépôt légal : octobre 1997 - N° d'éditeur : 3593 01 05 10 97
Cet ouvrage a été imprimé par l'Imprimerie Pollina SA à Luçon (85)